JN217817

ヘボの流儀

叩いても楽しいゴルフの極意

木村和久

集英社インターナショナル

ゴルフはさほど上手くなくても、楽しめる。

お待たせしました。待望のゴルフ単行本第2弾「ヘボの流儀」が、発売となりました。今回も表紙のイラストを、人気漫画家の福本伸行さんにお願いしました。福本さんの表紙といえば、以前出した「89ビジョン　とにかく80台で回るゴルフ」（2015年・集英社）を思い出す方もいるでしょう。ふたつの本は、似て非なるものと、理解されるがよろしいかと。ただ勘違いして「あのシリーズか！」と思って買って下さっても、決して期待を裏切ることはありません。

3年前発売した「89ビジョン」は、ゴルフの「スコアアップの指南書」として書きました。厳密にはレッスン本ではないです。しかし、ゴルフに対する捉え方が支持され、見事重版を果たしました。

一方、こちらの最新刊、「ヘボの流儀」は「叩いても楽しいゴルフの極意」として、「スコア」や「飛距離」にこだわらない、いやむしろ無視した先に、どんな楽しみがあるのかを、追求した本です。

ゴルフは「ヘボに始まり、途中やや上手くなるのもつかの間、老いてまたヘボとなり、ゴルフ人生が終わる」という宿命を背負っています。そして、ゴルフ人口激減の今、多数のアマチュアゴルファーは、熟年世代に達し、時々１００を叩くようになりました。

「昔は上手かったなあ」「ドライバーで250ヤード飛んだ」と、過去を懐かしむより、「良く叩くけど、ゴルフは楽しい」という意識に、変えようではありませんか。

実際問題、自分のゴルフは、3年前の平均80台を目指すゴルフから、90台を出してればいいやという考えに変わり、「100叩いても許す」プレーに見事変身を遂げています。

スコアを気にしなくなったゴルファーは、何を楽しみにプレーをすればいいでしょうか。

というわけで、本書に書かれてある具体的なコンテンツを紹介しつつ、ゴルフをエンジョイし、笑い飛ばしたいと思います。

まずは必ず起きる「トイレ問題の考察」から。プレー中に突如悪寒が走り、㊀の方をしたくなったことがあるでしょう。しかも、トイレに間に合わなくなり、草むらでしてしまう。地獄や〜。もちろん、私もあります。「1ホールで2回」という、日本記録ホルダーですから、あしからず。

ほかに「タラレバおやじVS言い訳おやじ」のバトルとか、「女性とのゴルフは本当に楽しいか」「ゴルフが浮気の代わりになる?」「運命のクラブってあるの」「ポロシャツをズボンの中に入れる理由」「名門コースでやらかす、あるあるネタ」「ゴルフをすると太る謎」など、盛りだくさんのラインナップでお送りします。

難しい話はなしにして、ゴルフの行き帰りの時の、ささやかなネタにでもしてくだされば、幸いです。

目次

ゴルフはさほど上手くなくても、楽しめる……2

第1部 ヘボの流儀……9

chapter 1 ゴルフの「三大疾病」はどうやって治せばいいか……10
chapter 2 「100」を切らずして、ゴルフをやめるなかれ……14
chapter 3 激突！「タラレバおやじ」VS「言い訳おやじ」……18
chapter 4 高級ゴルフ倶楽部でやらかす「ビジターあるある」……22
chapter 5 浮気したいあなた、代償行為のゴルフで我慢しませんか……26
chapter 6 ゴルフ中の「トイレ問題」。私の対処法……30
chapter 7 ゴルフの腕前はダイエットと同じ。現状維持でOK……34
chapter 8 私が「生涯レギュラーティー宣言」する理由……38
chapter 9 「運命のクラブ」と出会うにはどうしたらいいか……42
chapter 10 自分の能力がわかる!? 無料の試打会には参加せよ……46

第2部 コースマネジメント……51

chapter 11 アップダウンのあるコースは、お好きですか？……52

chapter 12 コースマネジメントは「うまい」シニアから学べ！……56
chapter 13 アマチュアこそ、試してほしい「短尺ドライバー」……60
chapter 14 スピンはかけるものではなく、勝手にかかるもの……64
chapter 15 アマの夢。「80台」を出すための4つの戦略……68
chapter 16 スランプに陥ったとき、どう対処すればいいか……72
chapter 17 逆光のコースに遭遇したら、どう対処すればいいか……76
chapter 18 ラウンドの朝、ゴルフ場に来てからやるべきこと……80

第3部 知ってると得なゴルフ文化

……85
chapter 19 若者が最も嫌う「ポロシャツ、イン」問題を考える……86
chapter 20 接待ゴルフの進化系「ステルス接待」とは？……90
chapter 21 キャンセルとクローズを巡る、ゴルフ場と客の心理戦……94
chapter 22 同伴ミニスカ女子をめぐる、オヤジと若者の補完関係……98
chapter 23 ゴルフをすると「太る」という謎に迫る……102
chapter 24 まだ生き残っていた「ゴルコン」の実態を探る……106
chapter 25 ラウンドをさらに盛り上げるゴルフの「お遊び」……110

chapter 26 ゴルファー憧れの舞台も「名門コースはつらいよ」……114

第4部 流行りもの&ニュース……119

chapter 27 藤井聡太五段に続け。中学生プロゴルファー待望論……120
chapter 28 アマに飛ぶドライバーを。ゴルフ総本山の規定に物申す……124
chapter 29 パー4の最大スコアは「8」。人に優しいルール改正を……128
chapter 30 北海道でゴルフ。この楽しみを知らずして死ぬな……132
chapter 31 身軽に楽しむ「ハーフ&ハーフ・ゴルフ」のススメ……136
chapter 32 英国人は批判的でも「乗用カートよ、永遠なれ!」……140
chapter 33 スマホでゴルフ上達。「人の振り見て我が振り直せ」……144
chapter 34 待望のゴルフ倶楽部会員となった「メンバーあるある」……148

第5部 世間にオピニオン……153

chapter 35 トランプさんよりもゴルフが上手い大統領は誰か?……154
chapter 36 オヤジ達は飛ばないのに、なぜ高反発クラブを使わないのか?……158
chapter 37 しんどいことばかりの、プロツアーの試合観戦……162

chapter 38 本当に重視すべき、ゴルフの「ルール&マナー」……166
chapter 39 同伴プレーヤーの不正を目撃。あなたはどうする？……170
chapter 40 ショートコースで「3度打ち」ってどうなの？……174
chapter 41 ゴルフ場の「ジャケット着用」ってどうなの？……178
第6部 気になってしまうこと……183
chapter 42 ゴルフ場を丸ごと1億円で買うと、どうなっちゃうのか……184
chapter 43 女性と一緒のゴルフは、本当に楽しめるものか……188
chapter 44 ゴルフ場には取扱注意の「珍客」がいっぱい……192
chapter 45 「意識高い系」のゴルファーになっていませんか？……196
chapter 46 ゴルフ場と携帯電話の、切っても切れない関係……200
chapter 47 口こそゴルフの上手なれ。言葉は15番目のクラブ……204
chapter 48 20代美女と同伴!? 今「ひとりゴルフ」が熱い……208
対談 木村和久×福本伸行 アマチュアだからこそ楽しめるゴルフとは……212

装丁・本文デザイン
間野 成
装画
福本伸行
本文イラスト
服部元信
撮影
河合昌英

本書は「web Sportiva」連載・木村和久の「お気楽ゴルフ」より厳選したコラムに改稿したものです。

第1部

ヘボの流儀

chapter 1

ゴルフの「三大疾病」はどうやって治せばいいか

日本人の死亡原因で多いのは、ガン（悪性新生物）、急性心筋梗塞、脳卒中で、これを俗に「三大疾病」と言います。生命保険に入るときは、必須の、特約条項となっています。

実は、ゴルフの世界にも大叩きしてしまう〝三大疾病〟があります。私が勝手に作ったのですが、みなさんにも思い当たるフシがあるでしょう。冗談を交えつつ、紹介したいと思います。

ゴルフで悪いスコアを出す場合、万遍なくダボのオンパレードになるのは、稀《まれ》です。普通はハーフに1、2回ぐらい〝ビッグイニング〟と言いますか、トリプルパーやダブルパーが出る場面があります。そこで、スコアがガラガラと崩れ落ちていく――ナイアガラ音頭ぉ～、と〝大叩詠一（おおたたき・えいいち）〟先生の出番となります。

今までの体験学習上、大叩きするパターンはだいたい決まっています。まずは、これです。

◆林間コースでキンコンカン

昔はよくやったものです。今しがた、あなたはドライバーのティーショットを曲げて、林に打ち込んだではありませんか。にもかかわらず、効率よく林から脱出するために、前方にどこか空間はないかと、血眼《ちまなこ》になって探している。グリーン方面へボールを出し、そこから絶妙のアプローチで寄せワンパーを取ろうと、「夢は枯野を駆け巡り」中です、って松尾芭蕉かよ～。広いフェアウェーにすら打てないのに、針の穴を通すようなショットが打てるわけもないのです。そういうのは、漫画だけの世界にしておきましょう。

ゴルフの「三大疾病」もなかなか厄介なんですよね……

　考え方としては、林に入ったらどこでもいいので、安全に出すのがベストです。ミドルホールの場合、現実的にはそこから3打目も乗らないでしょうから、4オン2パットのダボでよしとする。この謙虚さが大事です。

　林に入ったらダボでいい、と思えば、なんぼゴルフが楽なことか。続いては、これ。

◆アプローチ往復ビンタ

　キリストは言いました。「右の頰《ほお》を打たれたら、左の頰も打たれよ」と。

　ゴルフでは、両頰を打たれることなんて、日常茶飯事です。グリーン手前のアプローチを、決めてやろうと思ったら、ガ～ン、トップして向かい側のラフへ。そこからまた、懲《こ》りもせずに同じようなアプローチをして、再びトップ……。これじゃ、スコアはまとまりません。

特に冬場のアプローチは芝も枯れており、非常に打ちづらい状況になっています。それなのに、セオリー通りにサンドウェッジ（ＳＷ）やアプローチウェッジ（ＡＷ）でいい感じに寄せようとする――これが、大きな間違いです。最近、私が実践しているのは、９番アイアンの転がしです。パターのようにスライドさせて打つので、ミスしてもそこそこ転がります。たとえトップしても、最初からトップの感覚で打つので、さほど距離に変化が生じません。要するに、冬場はグリーンに乗ればいいのです。ほかに日頃使っているロフト40度の、８番アイアン相当のユーティリティーが、転がしにちょうどよくて重宝しています。

でも、アプローチで最も信用がおけるのは、なんといってもパターです。アマチュアはこれが一番。冬場はフェアウェーも枯れていますから、結構転がります。私は、40ヤードまでならがんばって転がしますね。パターの何がいいって、ザックリやトップのミスショットがほとんどないことです。距離感だけ注意すればいい、というのが何よりです。最後はこちら。

◆バンカー無間《むげん》地獄

バンカーは、私もかつて嫌というほど叩いて、トラウマになっています。なにしろ、叩きすぎてスコアを覚えていませんから。おそらくバンカーショットを10回以上やって、ようやく脱出したってことで……。そりゃ、ゴルフが嫌になりますよ。今じゃ、バンカーを恐れて、サンドウェッジを3本も入れています。どんな砂にでも対応できるようにしているのです。

バンカーの砂が硬いと、トップまたはホームランが出やすいです。逆に砂が柔らかすぎると、打っても砂の下をフェースがくぐってボールが飛ばない。

いろいろと考えた挙句、通信販売なんかで売っている〝一発脱出もの〟のお手頃なサンドウェッジ、これが一番いいと悟りました。コンペの景品でもらった安物ですが、これが本当にいいんです。ソールが厚くて、フェースがボールの下をくぐることがまずないです。

いやぁ〜、サンドウェッジを発明したジーン・サラゼンさんには悪いですが、デカサンドのほうが数倍は楽です。しかも、ルール違反じゃないし。

バンカーショットで、グリーン方面に乗らないと悟ったら、関係ない場所に打って、バンカーからの脱出を最優先に考えるのもありです。バンカーショットの位置をずらせる、アンプレアブル宣言も有効に使いましょう。ショートホールで10以上叩くのは、ほんと嫌ですよね。

というわけで、ゴルフの〝三大疾病〟をなくせば、だいぶスコアはまとまると思います。ポイントは、練習よりも、コースマネジメントの考え方、そして危機を救う便利グッズ的なギアの選択、これが案外重要ですよ。

練習よりも、コースマネジメントとギアの選択が効く。

chapter 2

「100」を切らずして、ゴルフをやめるなかれ

みなさん、ゴルフをやめたくなったことはないですか？ ルー大柴的に言うと「やぶからスティックに、何を言っとるんだ！」と憤慨する方もいるでしょう。けれど、長いゴルフ人生で、あり得ない大叩きをしたり、あるいは大事な試合で大恥をかいたり、はたまたコースで大喧嘩《げんか》したりして、〝心が折れそう〟になったことが、誰にでもあると思うんです。そこで、ふと「自分は、ゴルフに向いていないのかなぁ～」と思ったりもしますよね。

私も、やめはしませんでしたが、しばらく「休もう」と思ったことがあります。それは、20年ぐらい前のこと。パブリック選手権の予選に出場したときでした。

練習ラウンドでは、なぜか絶好調で80台をマーク。予選突破ライン（おおよそスコア75ぐらい）まではいかなくても、80台前半ぐらいは出せそうだな、と意気込んでいました。ところが、いざふたを開けてみると、やることなすことすべてが裏目に出て、失意の「100」超えです。「100」は今でも叩きますが、よりによって大事な試合で出すことないんじゃないの……。

しかも、ご丁寧に名前とスコアが書かれた順位表が、クラブハウスに張り出されるのは、むご

過ぎです……。辛うじてビリは免れ、木村家末代までの恥にならずひと安心……って、小さい男ですみませんね。

もはや、どこのコースだったか忘れましたが、帰り際に見た桜吹雪が、私の心情を如実に物語っていました。「桜とともに散ろうか」――茫然自失のまま家に帰り、しばらく何もやる気が起きませんでした。

ゴルフをやっていれば一度や二度、心が折れそうになったことはあると思いますが……

実際問題、ゴルフほど途中リタイヤが多いスポーツはないのです。知り合いでも、「あの人、最近見ないな」というケースがちらほらあります。

何で見なくなったのか？

一番多いリタイヤの原因は、経済的な理由だそうです。ゴルフはなんだかんだ言っても、交通費などを足せば、平日でも1万円を超えるレジャーです。しかも、ギアやウェアも用意しなくてはならない。老後の生活に対して、漠然とした不安を持つ世代は、「今ここでお金を使っちゃマズイ」と思うようです。

あとは、勝手にニギリをさせられるとか、うるさいオヤジがいて説教ばかり受けるとか、便意をもよおして死に物狂いでトイレを探し、間一髪間に合ったが、こんな思いはもう二度としたくないとか、リタイヤされるみなさんは、さまざまな理由でおやめになるみたいです。

ともあれ、やめるのは結構ですが、「ゴルフってつまんない」とか「だいたい（ゴルフが）わかったからいい」とか、言わないでほしいのです。ゴルフを語るには、やはりそこそこ腕前が上がって、ゴルフの何たるかを知り、醍醐味を堪能してからにしてほしいですね。

目安としては、「100を切らずして、ゴルフをやめるなかれ」でしょうか。90台を2回に1回は出せるようになって、それでもゴルフをやめたいなら、どうぞおやめください。でも現実は、90台をコンスタントに出せるようになったら、もう面白くて「女房を質に入れてもゴルフをする」状態になったりしますけどね。

要するに、「ヘボで始まり、ヘボのまま終わるゴルフ人生」だけは、ご容赦願いたいわけです。結局、やめる人は、消費と、搾取と、大叩きの〝負のスパイラル〟に陥り、何にもいいことがないから、やめるのです。

逆の捉え方をすれば、ゴルフを継続する人は、「負けず嫌い」と言えましょう。やられたらやり返す。当初ハンデをもらっていたら、ハンデをあげるぐらいの腕前になって、相手を見返してやる。そういうガッツのある人が残ります。

つまり、ゴルフ場には、現実生活の生存競争がそのまま持ち込まれているのです。だからゴルフ好きは、小金持ちで、わがままな人が多いのです。

現実生活も競争、ゴルフも競争社会。勝ち上がっていくのは、「たまらなく楽しい！」という方はどんどんやりましょう。一方で、趣味やレジャーは切《せっ》磋《さ》琢《たく》磨《ま》せず、「のんびりしたい」という方は、温泉めぐりや釣りとかね、そっちに行けばいいだけのことです。

まあ、50歳を過ぎたなら、スコアを気にしないゴルフをやってもいいですが、若いうちは〝勝ち負け〟にこだわってほしいものです。とすれば、もうちょっとうまくなりましょうかね。

100を切ったからって、ゴルフをやめる必要はありません。

chapter 3

激突！「タラレバおやじ」vs「言い訳おやじ」

全国1000万ゴルフファンのみなさま、お待たせしました！

〝今世紀最低のマッチプレー〟をお送りします。

題して、「タラレバおやじvs言い訳おやじ」という不毛な戦いです。

まあ、「トランプvsクリントン」（当時の大統領候補）くらい得るものがないですが、なぜか親近感は増すと思います。きっと、誰しも思い当たるフシがあるのでしょう。

まずは、対決の解説を少々。〝タラレバおやじ〟というのは、「もし刻んでいたら、俺はパーであがっていた」とか、「ひとつ番手が大きいクラブで打っていれば、グリーンに乗っていた」という、「タラ」と「レバ」の仮定法過去完了が非常にお好きな方々を指します。

しかし、ゴルフは決して2回打ってはいけないルール。だから、いくらでもデカいことが言えるのです。「じゃあ、今度はコンディションのいい場所でもう1回打ちますか？」となったとしても、おそらく好結果は出ないでしょうけど。そこは、ご愛嬌ということで。

一方、〝言い訳おやじ〟は、叩くたびに「ライが悪かったんだ」「ボールにゴミがついていたんだ」という、一見、結果分析好きに見えますが、本性はただの〝責任転嫁野郎〟です。「ボクちゃん、悪くないもんね。悪いのは太陽のせいさ」って、あなたアルベール・カミュ（フランスの作家、哲学者）ですか？　確かに不条理っちゃあ、不条理ですけど……。

　最初から泥仕合になるのが見えている、こんな〝タラレバおやじ〟と〝言い訳おやじ〟のふたりが、ゴルフをすることに……。ののしり合いは、プレー前からすでに始まっています。

こんな光景、みなさんもよく見かけるんじゃないですか？

　先制攻撃を仕掛けたのは、言い訳おやじ。「いやぁ～、作夜飲み過ぎてさ、あんまり寝てないのよ。今日は叩くかもしれないけど、よろしくね」と軽いジャブ。それを聞いたタラレバおやじは、「今日の占いが最悪でさ、ゴルフの怪我に注意だって。昨日だったらギャンブル運最高だったのにぃ～」って、ゴルフはギャンブルじゃありませんよぉ～。

　さあ、ティーグラウンドでプレー開始。

　350ヤードのミドルホール、先攻はタラレバおやじです。まずは無言で打って、緩めのフェードボールが飛んでいき、右のラフへ190ヤード前進。

「こんなもんか、実は俺も二日酔いでフラフラだからさ。昨日、お酒を飲まなかったら、すごいショットが出たんだけどなぁ」と、ぼやくことしきり。

続いて、言い訳おやじ。ティーアップしていますから、ライが悪いとか言えません。こちらは、テンプラ気味の高いボールで前進160ヤード。「うへぇ〜、ティーが高かったよ。だから、テンプラボールが出たんだ」と、間髪入れずの弁解はもはや芸の領域です。

もちろん、ティーなんて高いわけもなく、たぶんテンプラが出たら、条件反射的にそのように言う口癖になっているんでしょう。ですから、「テンプラボールに曲がりなしって言うからさ。真っ直ぐ飛んだのは、よしですな」と、さほど機嫌は悪くない。

2打目は、言い訳おやじの打順から。グリーンまで残り190ヤード。すでに諦めの境地で、「こんな距離、乗るわけないだろ。誰だよ、設計したの」って、八つ当たりですか。

ライを見ると、なぜか芝の薄いところにボールが……。「うへぇ〜、ほとんど芝ないじゃん。これは、飛ばないかも。いや、飛ばなくても当然だよね」って、ひとり解説を開始です。まあ、結果は解説どおりですけど。

同様にタラレバおやじも、残り160ヤードのラフから。すでに、タラレバ全開ですよ。「これが、フェアウェーだったらなぁ〜」とぼやきまくり。「160ヤードのラフショットって、松山英樹ならピッチングでも届きそうだな」って。いいから他の人のことは、と突っ込みを入れたくなるほどです。しまいには、「ドラえもんがいたら、時間を巻き戻して打ち直しができたのにぃ〜」だと。おいおい、朝からドラえもんに頼むかよ〜。

そんなわけで、はたから見ていると結構おかしいですね。それは、誰しも心の中に〝タラレバ〟や〝言い訳〟を潜ませているからです。

知り合いでマージャン好きの出版関係者がいて、その人は毎回、自分の手の内を解説しないと、その場を終わらせてくれませんでした。「あ〜、ドラ3枚も乗ってるんだよ。イーシャンテンだけど」と言って、自らの手をどのように進めたかを延々と説明。それが終わって、ようやく次の場に進めます。これが、自分が勝ったときなどは、ワンマンショーで終わりがないですから。〝タラレバ〟マージャンの典型的な人でした。

言い訳になると、トッププレーヤーにもいるみたいですね。飛ばし屋として世界的に有名なジョン・デーリー（アメリカ）と一緒に回った知り合いのプロが、こんな話をしてくれました。ジョンが、ガードバンカーから長い距離のショットを打とうとしたら、思いのほか飛ばなくて、どうしたんだろうと思ったそうです。そうしたら、ジョンがそばにやってきて、聞いてもいないのに「今の（ショット）は小石が挟まっていたから、飛ばなかったんだ」と、言い訳をしにきたそうです。これはまあ、実に微笑ましいエピソードですね。

というわけで、〝タラレバ〟や〝言い訳〟は、基本的には言ってよしかと。ただ、ウザがられない程度に、ほどほどにしましょうね。

この本、読んだから、幾ら叩いても平気って、それも言い訳ですね。

chapter 4

高級ゴルフ倶楽部でやらかす「ビジターあるある」

多くのゴルファーはビジターでゴルフ場に行くのですが、そこで、ついやらかしてしまうことが結構あるんですよね。特に滅多に行かない高級ゴルフ倶楽部、そこでの振る舞いは滑稽そのもの。そんなビジターならではの、珍妙なプチ〝武勇伝〟をとくと拝見してみましょう。

まずはエントランスでのこと。戦車みたいなドイツの超高級車がズラリと並んでいると、自分が乗ってきた１３００cc の小型車、それも中古車がすげぇ〜見劣りすることに気づきます。

そうすると、一瞬エントランスにクルマを止めようとするのですが、ドイツ車軍団のオーラに圧倒され、そのままエントランスを素通り。駐車場の端っこにクルマを止めて、そこからキャディーバッグを担いで玄関へ……。なんだかなぁ〜、クラブハウスに入る前から気合い負け。先が思いやられます……。

そうして向かったエントランスでは、マスターズのチャンピオンのような高級ジャケットを身にまとった支配人が丁寧に挨拶をしてきます。と同時に、顔は笑顔を保っているものの、目が一瞬鋭くなり、ロボコップのようにコンマ1秒ほどで外見をチェックしてきます。

「あ〜、ユニクロでサマージャケットを買っておいてよかったぁ〜。6月までは『ジャケット着用』ってホームページに書いてあったんだよなぁ」。高級じゃないけど、ジャケットを羽織っていてひと安心。見事、服装チェックはパス……って、中学校の校門チェックかよぉ～。

　その後、無難にサインを済ませてロッカー室へ行き、いざスパイクを履くや、床がふかふかの絨毯《じゅうたん》敷きだったことに気づいて、思わず後ずさり。実は、前回のゴルフが雨。プレー後、適当にシューズケースにしまったものだから、スパイクには泥やら草やらがべったりとくっついているのです。

名門、高級ゴルフ倶楽部ではエントランスに入るときから緊張します……

　そんなスパイクで歩き回ったりしたら、一歩踏み出すごとに泥が落ちて高級なロッカー室が大変なことに！

「あちゃ～、えらいところに来たもんだ」

　これはやばいと思って、一旦スパイクを脱いで、すかさず洗いにいきました。なんだかなぁ～、豪邸に拾われた野良猫って、こんな気分なんですかねぇ。歩くたんびに足跡がついてって……。

　何となくスパイクがきれいになったら、気を取り直して、朝ごはんを食べるためにレストランへ。和食か洋食か迷いましたが、なぜか高級倶楽部ではナイフとフォークのイメージが浮かんで、見栄を張って『洋定食』を所望してみました。

そうしたら、サラダとクロワッサンにオムレツ、そしてコーヒーだけ。

「ぜんぜん腹にたまらないっす……」

オサレに生きるって、大変なのねぇ〜。

「ああ〜、見栄を張らずに『特急豚汁セット』を頼んでおけばよかったぁ……」って、プレーする前から早くも〝タラレバ〟状態です。

さあ、いよいよプレー開始。とりあえずキャディーマスター室でスコアカードをもらい、マークを少々拝借します。そのとき、無料の木製ティーが置いてあることに気づきます。ここぞとばかりに、わしづかみしてポケットへ。

「いや、タダなんだから」と開き直って、もう少しもらっていこうと2度目の〝試技〟を敢行。しかしその瞬間、キャディーマスター室から鋭い視線が……。

「やべぇ〜、見られている……」

わしづかみしかけたティーをやんわり戻します。それから、小鳥がついばむようにして2、3本だけ拝借。立ち食いそば屋のネギ入れ放題ってわけにはいかないようですな。

さてさて、せっかくの高級倶楽部ですから、恥ずかしいプレーはできませんし、ちょっくら肩ならしに練習でもしておきますか。

クラブを数本持って練習場へ行くと、そこでまた驚愕させられます。なんとボールがコースで使える本球ですから。実際はロストボールなんでしょうが、確かに打ってみると、普段練習場で打っているボールとは打感がまったく違います。

「さすがだなぁ〜」と感心していると、なぜかまっさらな新しいボールも出てくるから驚きです。「え〜!?　これもロストボールなの?　有名ブランドで、量販店でも1個500円以上はする代物ですよ!　誰かが池にでも落としたんでしょうか」って、じぃ〜っと見ること3秒。それから、周囲をゆっくりと見回して、誰もこっちを見ていないことを確認すると、すかさずボールをポケットにしまい込みましたとさ。トホホ……。

まもなくスタート時間です。ズボンの左右のポケットを膨らませながら、1番ティーへと向かいます。そこでは、若いキャディーさんが待っていて、うやうやしく挨拶してきます。「おはようございます、〇〇様」

そんな挨拶にもドギマギしてしまいます。『様』なんて呼ばれたのは、どこぞの高級風俗に行って以来だよ。なんか、緊張するなぁ」ってね。

「さすが高級倶楽部」、是非、一度手取り足取り、ご教授いただければ幸いですって、ほんまかいな。

高級倶楽部には、思わぬタラレバが満載。

chapter 5

浮気したいあなた、代償行為のゴルフで我慢しませんか

以前、お金持ちがフェラーリなどの高級車を買って気分を一新し、ライフスタイルを変えようとする外国映画がありました。結局、そんな買い物をしたところで、自分の根本部分の〝渇き〟は満たされず、どうしたものかと、途方に暮れるのでした。

車を買い替えることは、彼女、もしくは奥さんを替える願望に他ならないのです。そこは現実的にうまくいかず、代償行為としての車購入だったのです。

これが日本だったら、フェラーリを買うお金があれば、キャバクラで3年ぐらいモテまくりですよ……って、解釈がだいぶ違うでしょ。アメリカにはそもそもキャバクラはないし。

実を言うと、我々のささやかな浮気の代償行為は、ゴルフです。穴に入れる行為は似ています……って、なんとお下品な冗談ですこと。

さて、ゴルフ関連で浮気の代償行為なるものは何か？

それは、なんぼ安くても会員権を購入して、ゴルフ倶楽部のメンバーになることです。

じゃあ、具体的にメンバーになって、何をすればいいのか？

それは〝男の隠れ家〟的社交です。

人間相手に浮気するより、ゴルフクラブの浮気ぐらいで我慢しましょう

私も2度メンバーになりましたが、〝隠れ家〟に遊びに行くのは、実に気持ちのいいものです。馴《な》染《じ》みの支配人に声をかけてもらって、まずは軽く「おはよう」と挨拶。「昨日の『やすらぎの郷（※）』見た？　川奈のゴルフコースが映ってたね」なんて世間話をかわします。

そうして、ラウンド前にゆとりを持って食堂に行けば、若くて可愛いウエイトレスがモーニングコーヒーを運んできてくれます。別に何が起こるわけでもありませんが、日頃、カミさんにせっつかれながら、トーストをインスタントコーヒーで流しこんでいる日常と比べれば、雲泥の差でしょ？

〝本拠地〟を置くということは、ぶらりと出かけて、どこぞに寄り道しても言い訳が立ちます。マイコースでは、チェックインして「今日は調子が悪いから、練習だけ」と言って、午前中で帰る手もあります。名門コースメンバーのおじいちゃんは、よくこうやってマイコースを練習場として使っています。

ただ、実際のところ、安くても会員権を買うのは、かなりの決断が必要です。そういう方は、ニュークラブを、ニューボトルを入れるかのように導入してはいかがでしょうか。

まだ相手の個性を知らない、しかも誰の手垢もついていない、まっさらなクラブを手に入れるのは、気持ちがいいものです。ビニールの包装を破り、「どれどれ、オジさんがたっぷりと調教してあげるから」と、怪しい言葉を投げかけても犯罪にはなりません。きれいなクラブを、自らの手で汚せるなんて、浮気以上の快感があるかもぉ〜……って、そういうことですか。

妄想は尽きませぬが、予算（お小遣い）縮小の折、なかなかニュークラブもニューボトルも入手できない。そうお嘆きの諸兄、こうなったら〝焼けぼっくいに火がついた作戦〟を決行しましょう。かつて使っていた愛用のクラブを、ほっくり返して、また使ってみるのもありです。

実は最近、10年前に使っていた7番ウッドと、5年前に使っていた5番ウッドを、クラブ置き場で発見して再び使ってみました。きっかけは、五十肩で、思い切りクラブが振れないからでした。じゃあ、せめてよく飛ぶウッドを使ってみよう、となった次第です。

で、これがすごく活躍して、残り180ヤードってときにナイスオンすることがしばしば。「おまえは軽く振っても飛ぶからなぁ〜。たぶん、オレがテクニシャンだからだろ？」なんって、昔付き合っていた子と10年ぶりぐらいにSNSで出会い、旧交を温めてそこから不適切な関係に進展する——そんなふうに見えて、ちょっと興奮しませんか？

どうです？　ゴルフと浮気は、快楽の上で似ている部分がありますね。3番ウッドと5番ウッドを使って、380ヤードぐらいのミドルホールを2オンしたときは、ドーパミンがあふれ出ましたから。はるか昔、狙ったキャバ嬢を口説き落としたぐらいの快感が走ります。

五木寛之先生の名作『青春の門』では、都会に染まってしまった織江が、幼馴染の信介に再会します。そこで〃大人のテク〃に動揺する信介が、印象的なリアクションをします。

「織江、こ、こげなこと～、どこで覚えたと～?」

久しぶりに再会した5番ウッドも、「すごかぁ～、おまえ、どっかのプロと付き合っていたんじゃないか～」と、驚くこととしきりの〃テク〃を見せてくれます。実は、押入れの中で「浮気もせずに、あなたに呼ばれるのを待っていたの」と言うから、泣けるじゃないですか。

映画『トイ・ストーリー3』では、子どもの頃使っていたおもちゃたちが、お払い箱になって捨てられる運命に。そこから、おもちゃたちが健気に元の主人を探しまくる、という感動ものの話が展開されます。ゴルフクラブも久しぶりに使ってあげれば、さぞ喜ぶんじゃないですか。かつては一緒に戦った〃戦友〃なのですから。

ともかく、人間相手の浮気や恋愛よりもゴルフクラブのほうが、面倒くさいフォローとか、莫大な出費とか、さらには修羅場となる別れ話や訴訟がないので楽です。さあ、昔のクラブと今一度、よりを戻してみてはいかが?……って、こんなオチでいいのだろうか……。

※倉本聰原案・脚本のシニア向けドラマ。2017年テレビ朝日系列で放送

ゴルフクラブには、莫大な出費とか修羅場となる別れ話や訴訟がない。

chapter 6

ゴルフ中の「トイレ問題」。私の対処法

ゴルフ場でラウンドしている途中、トイレに行きたくなることがありますよね。しかも、㊅のほうを。

これまでも、この〝トイレ問題〟のコラムをさまざまな媒体で何度となく書いてきましたが、今回新たな〝学説〟が発表されたので、それをもとに〝新理論〟を展開したいと思います……って、ちょっと大げさですかね。

新たな〝学説〟を発表したのは、なんとマラソン界の方です。あの、元オリンピック代表選手の瀬古利彦さん（ＤｅＮＡランニングクラブ総監督）が、マラソン界の〝トイレ問題〟を、テレビで赤裸々に語っていました。「テレビには映っていないが、走りながら垂れ流している人を見た」と。

これは、衝撃的でした。思い起こせば、１９７３年の毎日マラソン（現びわこ毎日マラソン）で、フランク・ショーター選手（アメリカ）がレースの途中でトイレに駆け込みながらも優勝したのを、子ども心に覚えています。マラソン界でも、そんな〝トイレ問題〟が頻繁にあるんですね。

瀬古さんの現役時代はどうだったのかっていうと、「とにかく（レース前に）無理やり出すしかない。出ないときは、指浣腸してでも出す」と言っていました。これまた、衝撃的というか、ショックでした。

それにしても、超一流のアスリートが、

不思議とナイスショットが出ることも。多分我慢して内股になっているからか？

わずか2時間そこそこの間のトイレ管理ができないものなのでしょうか？　そんな疑問に対して、瀬古さんはこんなメカニズムを解説しておりました。

「要するに、マラソンは（体の）上下運動を2時間やるわけで、（体内で腸が）上から刺激されて、逆に出やすくなってしまうのではないか」と。この話には、大いに納得させられました。

というわけで、ゴルフの話に戻りましょう。

ゴルフとマラソンは、〃トイレ問題〃において、ことのほか状況が似ています。どちらも約2時間半（ハーフ計算）、立って動き回るのが一緒。そりゃ、途中でトイレに行きたくもなりますよ。

しかもアマチュアゴルファーの場合、前日に眠れないとか言って、お酒を飲んだりしますから、翌朝は寝不足なうえ、お腹もくだり気味。さらにそういう人に限って、ギリギリになってコースに到着し、なおかつ朝ごはんを食べてスタートしますから、2、3ホールこなしたあたりで（体内の臓器たちも活発に動き始めて）ちょうどトイレタイムとなるわけです。

まあでも、ゴルフの場合は、ゴルフ場のクラブハウスの他、途中のお茶屋さん（休憩所）にトイレがあります。ですから、およそ1時間、我慢すれば何ら問題はないのです。が、トイレの発作が起きた人は、1時間なんて待っていられません。私など、発作が始まったら、1ホール持つかどうかです。ゴルフ場におけるトイレ人生は、常に綱渡りでした。

同様のお悩みを抱えた方というか、同じような状況に陥った方は、決して少なくないのではないでしょうか。実はこの〝トイレ問題〟、対処法がないことはないんです。

鶴舞カントリー倶楽部（以下、鶴舞CC。千葉県）の会員だった頃は、ゴルフ場内のトイレのある場所をすべて暗記していました。鶴舞CCは、お茶屋さん以外にもトイレが何カ所かあって、2ホールくらい我慢すれば、なんとかトイレにたどり着けて、非常に便利でした。

名門で、お年寄りのお客さんが多いコースなどでは、トイレの数を増やしているようです。そんなトイレの数が多いコースを選ぶのも、安心ですから、ひとつの案と言えますね。

ともあれ、基本的に大切なことは、体調管理ですよね。プレー前日は、お酒などを飲まずにさっさと寝ることです。そして、コースにはスタート1時間半くらい前には到着し、朝ごはんをしっかり食べて、それから練習すれば、スタート前に、トイレに行きたくなります。そういうライフスタイルを確立するのが理想です。

ちなみに、プロゴルフの世界でも〝トイレ問題〟はあるのか？　そりゃ、ありますよ。朝のクラブハウスのトイレは〝大渋滞〟だと聞いています。選手たちも、出そうと必死なんですね。

某選手は、試合中にトイレに駆け込みましたが、間一髪間に合わず、漏らしてしまったことがあるそうです。仕方がないから、その後は晴れているにもかかわらず、カッパを着てプレイしたという話です。

今後、ゴルフ人口も高齢化が進んでいきます。ゴルフ場におけるトイレ需要はますます増していくことでしょう。いっそゴルフ場は、工事現場にあるような仮設トイレでもいいから、各ホールに設置してみてはどうですかね。もしかすると、それがいい宣伝になって、〝トイレ好き〟のゴルファーが大挙してやってくるかもしれませんよ。

ゴルフ場は、各ホールにトイレを設置しては？

chapter 7

ゴルフの腕前はダイエットと同じ。現状維持でOK

冬の寒い時期は、みなさん「ゴルフの腕前がなかなか上がらない」と、ぼやいておられるのではないでしょうか。今の時分、練習やラウンドをちょっとサボると〝効果てきめん〟で、すぐに「100」を叩いてしまいますから。ゴルフは、ほんと手がかかるスポーツというか、趣味ですね。

私は冬場、まったく練習しないで2ラウンドしましたが、そのスコアは「99」と「94」。ひどいものでしょう……。

ところで、これを「叩いた」と言うべきか、「これぐらいで済んでよかった」と言うべきか？

正解は、後者のほうですね。

まず、ドライバーが当たる気がしません。朝イチのティーショットは一か八かの賭けのようなもの。パー4のホールなら、ティーグラウンドから2、3打でグリーン近くまで寄ってくれたらラッキーです。

そこまで来たら、得意のアプローチとなりますが、芝が枯れてボールが上がらないので転がしとなりますね。それで今回、パットの自己最長距離を達成しました。距離にして、約50ヤード。しかもそのうち、40ヤード以上はフェアウェーでしたか。打ったボールはコロコロと転がって、なんとかグリーンのカラーまでいって、ボギーが取れました。こうやって、未熟な技術を補っての90台でした……。

さて、練習してもさっぱり上達しないとお嘆きの諸兄、グチることはありません。一生懸命練習して、それがスコアに反映されるのは、だいたい3カ月後と言われています。

ダイエットと一緒です。「痩《や》せない」とグチるより、現状維持をしていることに感謝しないと。どうせ寒いうちは結果が出ませんから、2月に練習を開始して、多少うまくなるのが5月。絶好のゴルフシーズンに合わせるのがよろしいかと。

ゴルフもダイエットと同様、努力の成果がすぐに出ることはないと思いますよ

ゴルフは、日頃からやっていないと腕が落ちるスポーツですが、たっぷり練習した翌日でも、結構叩きます。朝、スタート前の練習で調子がよかったりすると、また叩く。逆に、練習場で調子が悪いと、ラウンドではそこそこよかったりします。

何でこうなるかというと、ゴルフの腕前には連続性がないからです。

プロの試合を見てもわかるように、４日間好調を維持するのは至難の業です。初日、スコア「64」を出してトップに立ったとしても、大概その選手は優勝しません。ましてやアマチュアなんか、前日の練習で「調子がいい」からと言って、その好調が続く保証はないのです。

歴史上、最も偉大なプレーヤー、ジャック・ニクラウスの勝率は、全盛期で２割と言われています。つまり、30試合に出場して６勝。年間６勝もしたら、余裕で賞金王になれますね。でも、それだけ強い選手であっても、残り24試合は優勝していないわけです。

また、優勝したプロゴルファーが、翌週の試合で予選落ちすることはしょっちゅうあります。ほんと、ゴルフは好調を維持するのが難しいスポーツです。

そんなゴルフの上達のために、我々はどういう気持ちで精進すればいいのでしょうか。「２歩前進、１歩後退」ならバンザイです。「１歩前進、２歩後退」も、ままアリです。ゴルフの腕前アップには、〝下りのエスカレーターを上るがごとく〟の勢いが必要です。

練習のポイントは、やはりある程度集中しないと、ですね。２年前、私にもすごく叩いた時期があり、どのクラブで打っても、ヒール打ちか、シャンクになってばかりでした。超スランプで、ラウンドすれば「１００」叩きのオンパレード。ゴルフ人生〝最大の危機〟を迎え、必死に練習しました。

週５回くらい、トータルで２週間ぐらいしたでしょうか。まず、叩く原因究明に３日ほどかかりました。素振りをして、残像をチェックすると、アウトサイドにテークバックして、そのままヒールにボールが当たっていました。「これは、あかん」と思いましたよ。

直し方ですが、私の場合はテークバックを極端なインサイドに引いて、ヒール打ちを撲滅。クラブフェースにシールを貼って、どこにボールが当たっているか、確認しながらやりましたけど。それでやっと、その後のラウンドで、たまに80台が出るまでに復調したのです。

なぜ自分の話を書いたかというと、やみくもに練習していては上達しないからです。テーマを絞り、曲げないとか、ダフらないとか、引っかけないとか、自分の弱点を具体的に克服しないと。しかも、その対処方法がわかっていないと、練習しても意味がないのです。

やり方がわからないという方は、迷わずレッスンプロに相談しましょう。お金はかかりますが、そのほうが結果的に安く、短時間で課題が修正でき、うまく仕上げられますよ。

腕前アップには、〝下りのエスカレーターを上るがごとく〟

chapter 8

私が「生涯レギュラーティー宣言」する理由

私、以前はゴルフ倶楽部のメンバーで、バックティー競技にも参加していましたが、現在はできることならば、死ぬまで距離の短いレギュラーティーでラウンドしたいと思っております。題して、「生涯レギュラーティー宣言」。これを、高らかに謳《うた》いたいと思います。

何ゆえ、レギュラーティー宣言なのか？

そもそもアマチュアの飛距離は、大して進歩していない、という事実があります。30年前、ジャック・ニクラウス全盛の頃の、プロのドライバーの飛距離は約260ヤード。しかし現在、アメリカツアーでは300ヤードが当たり前の世界です。

では、アマチュアはどうでしょう？　30年前、おそらく200〜210ヤードぐらいだったんじゃないですか。今でも、せいぜい220ヤードぐらいと見ています。

昔は、アマとプロの飛距離の差は、今ほどなかったのです。ひょっとしてプロに近づけるんじゃないかと思って、アマチュアの人もバックティーから打っていました。だいたい昔のコースのバックティーは短くて、全長6700〜6800ヤードが平均でした。

けれども、今のトーナメントコースは、改造を重ねて全長7000ヤード超えがざらです。

これじゃ、アマチュアが打っても、打っても、グリーンに届かないわけです。

アマチュアは何で飛ばないのか。そこを書くとキリがないので細かく触れませんが、強いて挙げれば、ドライバーの高反発規制（２００８年）の影響をモロに食らったのが、アマチュアと言えます。

アマチュアが無理してバックティーからプレーする必要はないと思うんですけどね……

プロは、ヘッド、シャフト、ヘッドスピード、ミート率、ボールなどで規制に対応してきました。でもアマチュアは、そんなものをフィットさせてくれる、コーチやフィッターもいませんから、飛ばないまま。要するに、コツをつかんでないのです。

しかしながら、ゴルフは飛ばない人もそれなりに楽しめる、ティーグラウンドを選択できる制度があります。それを使わないテはありません。

例えば、バックティーで４３０ヤードのドッグレッグコースに臨むとします。その場合、コーナーにあるバンカーまで２５０ヤード。その辺のアマチュアでは、なんぼ打ってもかすりさえしませんが、３９０ヤードのレギュラーティーからならば、バンカーまで２１０ヤードと、アマチュアにとっては、ちょうどいい距離加減です。ドライバーがちゃんと当たれば、バンカーに突入、見事設計者の意図を汲《く》む、ゴルフと相成ります。

バックティーとレギュラーティーの違いは、ティーグラウンドの位置です。

もし飛ばし屋と、そのバックティーから４３０ヤードというミドルホールを一緒にラウンドすると、ティーショットでおよそ30ヤード以上は置いていかれますかね。それが、セカンドショットでハンデとなります。飛ばし屋は、残り１８０ヤード。ミドルアイアンで届く距離です。片や、こっちは残り２２０ヤードと、物理的に２オンはしません。これじゃ、ゴルフはつまらないですよね。

でも、レギュラーティーで打った場合、ティーショットをいいところに置けば、セカンドショットからはかなりいい状況でプレーできます。うまくすれば、２オンも可能かもしれません。第一、グリーン周りなんか、バックティー使用時と条件は１００％一緒です。当たり前っちゃ、当たり前ですけどね。

それでは、何で「バックティーでやろう」と、誘ってくる人がいるのでしょうか。それは、単に自分は飛ぶので、有利な状況に持ち込んで、勝ちたいだけです。だって、飛ばない人で「バックティーでやろう」なんて言う人、見たことないですから。

あと、ゴルフ業界全体の〝飛距離アップ主義〟でしょうか。とにかく、「これは飛ぶ！」と言ってやれば、ドライバーやボールなどの商品が売れるからです。その延長線上に、飛ぶ証として、「いつかはバックティーからラウンド」という思想があるのです。

ですから、私のように「飛ばなくていい」という考えは、ゴルフ業界においては、危険思想の持ち主となります。だって、それを言っちゃ、おしまいですから。

「ゴルフにおけるティーグラウンドの選択権は、上手い人、すなわち飛ぶ人にある」――そういう暗黙のルールがあるようです。

強き者がますます有利になるって、なんかおかしくありませんか？

バックティーで打つと力むしフォームも乱れて、いいことないです。

chapter 9

「運命のクラブ」と出会うにはどうしたらいいか

「運命のクラブ探し……」とは言ったものの、いったいどうやって探したらいいのやら……ですよね。

「運命のペット」というのは、よく耳にします。何気にペットショップに入ったら、目のクリクリしたチワワと視線が合って運命を感じて、そのまま家に連れて帰ったとか。それがたとえ勘違いであっても、本人が幸せなら何ら問題はないわけです。

これが、ゴルフクラブとなると、だいぶ様相が違ってきます。

量販店でドライバーを選んでいたら、飛びそうな面構えを見て「これだ！」と思って買ってしまった……としたら、「おいおい、試打しなくていいのか」って、突っ込みどころ満載です。そういう衝動買いは、結果的にろくなことがないですね。

今まで、何十本とクラブを買ってきましたが、「これは運命的だ！」と直感で思ったクラブは、ほとんどないです。「これ、大丈夫なの？」と思って、疑いながら打ったクラブほど、よく飛んだりしました。いやぁ〜、クラブを見る目がないですわ。

では、どうやって〝運命のクラブ〟に出会いましょうか。みなさんが思い描いている「運命的な」のイメージは、〝飛んで曲がらないドライバー〟でしょうが、アマチュアレベルで言えば、そんなものはほとんど存在しません。やはり、どこかで妥協点を見出さないと。

現在、私が長く愛用しているドライバーは、マクレガーのNV－Fという10年前ぐらいのドライバーです。これに、フジクラのランバックスシャフトを装着。飛距離は200ヤードちょっとがいいとこです。でも、シャフトのマッチングがよくて、あまり曲がりません。ゆえに今のところ、やや運命的なクラブ扱いになっています。

「運命のクラブ」に出会うことは、そう簡単にはいきません……

最新のドライバーは、ものすごく飛ぶと思います。けど、〝曲がらない〟ことに保証はあるのでしょうか？　ボールの方向性というのは、自分の打ち方とか、シャフト、スイングプレーン、ヘッドスピードなど、さまざまな要素が組み合わさって作られますからね。

そんな最新のドライバー選びでよくあるのは、試打では真っ直ぐ飛んでバカ当たりするのに、いざコースで打ってみると、ボールが曲がりまくるパターン。なぜでしょう？

試打だと、お行儀よく打つから、スイングも暴れないんですね。それがゴルフ場だと、アドレナリンが出まくるから、スイングも〝暴れはっちゃく〟状態になると思われます。

そんなわけで「そこそこ満足」しているぐらいが、運命のドライバーだと思います。つまり、長年連れ添った古女房のような存在ですか。

新しいクラブ、特にドライバーを変えて〝第2の運命のクラブ〟を見出すには、膨大な時間とお金がかかります。愛人づくりと同じくらいの手間暇がかかるわけですよ。

それでも、それを実現したい場合はどうしたらいいか？　もうひとつ、〝運命のレッスンプロ〟に出会うことで、思わぬ回答が導き出されることがあります。

アマチュアゴルファーがレッスンプロに出会う機会って、やはり練習場などが多いのでしょうか。過去に、練習場にいるレッスンプロのリサーチをアポなしでやったことがありますが、みなさん懇切丁寧で、しかもちゃんと〝お客さん〟扱いしてくれました。

昔のレッスンプロというか、個性的な先生たちは我々に対して〝生徒〟扱いでしたからね。それだと、頭ごなしに言ってくるので、こちらとしてもやる気が失せてしまいます。

下から丁寧に指導してくれるなら、あとは相性の問題だと思います。この先生の教えていることはなかなか理にかなっていると思えば、その人が〝運命のレッスンプロ〟となります。まあ、運命でなくてもいいのですが、このプロは信頼できると思ったら、そこで相談開始です。

そう、〝運命のクラブ〟選びを手伝ってもらうのです。

以前、友だちでもある、人気者のQP関雅史プロの店に遊びに行ったついでに、スプーンを作ってもらいました。フォーティーンのヘッドに、三菱のシャフトでね。

で、「これでバッチリ!」と言われて買ったはいいが、最初は相性が悪かったなぁ……。まあでも、「このクラブは癖があるな」「実戦ではなかなか使えないな」とぼやきつつも、しばらく使っておりました。

そして、やっと使いこなせるようになったのが、半年ぐらいしてからですか。打ち方を覚えたというか、コツをつかんだというか、実は癖があったのはこちらのほうでした。

やはり、プロの言うことは最後まで信ずるべきです。一瞬とはいえ、関雅史プロを疑ったオレがバカだった……って、『走れメロス』かよ〜。

今では、曲がらないし、飛ぶしと、狭いコースのときはとても役立っています。

とまあ、このように知り合いのレッスンプロにクラブ選びを依頼するのは、結構アリだと思います。自分を客観的に見てくれますし、コネで安くもしてもらえるし、さらにアフターサービスも万全ですから。

というわけで、〝運命のクラブ〟選びは、信頼できるレッスンプロを見つけることから。「クラブを得んと欲すれば、先ずレッスンプロを得よ」ってことですね。

気づいたら、そばに居たのが、運命のクラブかも。

chapter 10

自分の能力がわかる!?　無料の試打会には参加せよ

週末の練習場に行くと、戦国時代のようなノボリを立てた派手なブースが目に飛び込んでくることがあります。あれは、クラブメーカーなどが主催しているニュークラブの試打会です。その周りは、黒山の人だかりで圧倒されます。みなさん、腕自慢なのでしょう。「我こそはドラコン王なり」とうそぶく猛者《もさ》たちが腕をまくって、日頃の成果をここで披露しています。

とまあ、試打会と言えば、ばかすか飛ばしているかのように思われますが、よく見ると、そうでもないのです。飛ぶ人は最初から飛ぶわけで、実はあまり飛ばない、お金を持っていそうな方が、真のお客さまです。ですから、試打会をやっていたら、気後れせずに楽しみましょう。

ともあれ、試打会で打つ前には、まずは自分の打席でウォーミングアップをしておきましょう。およそ1箱、30球ぐらい打ったら、試打を行なっているブースに行って、試打を申し込むのがいいでしょうね。空いていれば、すぐに打てます。人気クラブだと多少は待つこともあります。

あと、今から自分が打とうとしているクラブは、どんなタイプで、どの層にターゲットを絞っているのか、それぐらいは把握しておいたほうがいいです。カタログを見ながら、アスリート向けなのか、シニア向けなのかなど、チェックしておきましょう。値段が高い場合は、いい素材を使っているので、シニアのことが多いですかね。

さあ、試打の順番がきました。

ここで、自分のプロフィールを提出。すなわち、自己紹介ですね。いきなり、「シャフトの固さはSで、ドライバーのロフトは9度を」なんてリクエストをしてもすぐバレますから、ご注意を。

こういうときは、謙虚に下手を装うというか、ありのままを言えばいいのです。

「平均スコアは100前後で、ドライバーの飛距離は220ヤードがいいところです。持ち球はフェードというか、スライスです」

大変よくできました。正直に語ってくれて、これなら試打会のスタッフもひと安心です。「それでは、あなたに向いているクラブを試打していただきましょう！」となります。

最近の試打システムは、主にこうなっています。

（1）「カチカチ」でヘッドを瞬時にすげかえる

試打会が開催されていたら、ぜひ一度参加してみてはいかがでしょう

（2）コンピューターでデータを測定する

（1）と（2）を同時にやっているところもあります。

まず（1）の「カチカチ」を紹介しましょう。

最近のドライバーは、ヘッド部分が着脱可能になっていて、「カチカチ」とネジを緩めてまた締めれば、ほんの数秒で別のヘッドにチェンジすることができます。だから、2～3球打つや、スタッフやフィッターがあなたに合うであろう適正なヘッドを即座に装着し直してくれます。

渡されたクラブヘッドが左を向いていて、「引っ掛けそう……。大丈夫なの？」と思うことがありますが、心配ご無用。これは、アマチュアゴルファーにありがちなスライスボールを矯正する〝フックフェース〟です。騙《だま》されたと思って普通に打ってください。あら不思議、ものの見事にいい球が出ますから。

試打のコツは、どんな球筋が出るにせよ、スイングが安定していることが大事です。フォームが変わらないなら、スタッフはクラブで矯正できます。でも、1回打つごとにスライスが出たり、フックが出たりとなると、非常に合わせづらいのです。

（2）のコンピューター診断というやつですが、これは通常、結構お金がかかるシステムです。普通はクラブを買うのを前提として、ショップなどでは無料でしてくれます。それを、試打会で無料診断してくれていたら儲けもの。ぜひトライしましょう。

やることは、シミュレーションマシンみたいな計測センサーがある打席で、普通にボールを打てばいいだけです。それで、ヘッドスピードやボールのスピン量、球筋、インパクトのデータなどがわかります。

私は、というと、ドライバーの飛距離は210ヤードそこそこ。球筋は軽いフェードで、スイングは安定していてデータは取りやすいです。で、実際にラウンドすると、持ち球はドローに変化します。データはフェードですが、実はクラブが勝手にドローに変えてくれるんですね。

俗に言う「ボールがつかまるクラブ」ってやつですか。今のアマチュア向けのクラブは、ほとんどこれです。逆に言えば、クラブで矯正していてもスライスって、よっぽどのスライスですよ。そういうのも、コンピューター診断でわかって面白いと思います。

予算の少ないメーカーは、単に試打クラブを渡すだけ、というのもありますが、それでもいろいろと試せます。とにかく、最近のクラブはよく飛びます。試打会では、そんなテクノロジーの進歩を実感なさるのがよろしいでしょう。

裏技としては、免許証などを提示することで、試打クラブを自分の打席に持っていって打てることがあります。これなら緊張しないで、思う存分に試打ができます。

もともと試打会は無料で、その場で買わせることはほとんどないので、一度試してみてはいかがでしょう。新しい世界が開けるかもしれませんよ。

珍しく、タダほど安いものはない典型が、試打会ですぞ。

第2部

コースマネジメント

chapter 11

アップダウンのあるコースは、お好きですか？

ＮＨＫの地質＆地形番組『ブラタモリ』じゃありませんが、ゴルフコースの高低差、アップダウンについて、いろいろな見解を述べてみたいと思います。

ベテランのアマチュアゴルファーに、どういうコースが高級で、格式があるかと尋ねると、80％くらいの方が「平らな林間コース」と言います。それに、ゴルフコースについてうんたらかんたら言う人って、おおよそ年齢層が高めなんですよね。誰が設計したかを気にするのは、完全に昭和の人の感覚です。

片や、今の若者は「誰が設計していてもいいじゃん」って思っています。コースの見方もよくわかっていません。若者のゴルフ場に対する良し悪しの判断はこんな感じです。

「値段が安くて、クラブハウスが立派で、風呂も豪華。それで、食事が美味しければもう最高ぉ〜！」って。おいおい、コースの話はないのかよ〜。

もちろん、昭和のゴルファーは違いますよ。「ゴルフ場の良し悪しは、コースで決まる」と思っているコース至上主義者ばかりです。

「クラブハウス？　雨露がしのげればいいのよ。食事？　カレーがあればいい。問題はコースだってば！」。そんなふうに力説するオヤジが多いこと。
ただし、アップダウンの話となると、年配の方は異口同音に「平らなほうがいい」と言うのです。これは、若いときにつらい思いをしたからに他なりません。
ゴルフを覚えたてのとき、山奥の辺鄙《へんぴ》なコースに連れていかれて、えっちらおっちら山歩きをさせられたんですね。ゆえに、平らなところでボールを打った記憶がない。いつも体を斜めにして打っていて、その結果、叩いてばっかり。だから、平面コース至上主義者になってしまったのです。

でも、乗用カート化がこれだけ進むと、アップダウンのあるコースも何ら苦労せずにラウンドできます。しかも、なかなか魅力的ですよね。

アップダウンというだけあって、たいがいは上りの分だけ、下りもあります。豪快な打ち下ろしホールなどに出くわすと、普段よりボールが飛んだ気がして、実に気持ちがいいものです。アップダウンコースもいいかなって思えてきます。

高低差は、コースを面白くする〝スパイス〟とし

年配の方にとっては、やはり平らなコースがいいんですよね……

て必要なアイテムなのです。

設計者がどうやって高低差を利用してゴルフを楽しませようとしているのか。私が昔メンバーだった鶴舞カントリー倶楽部（千葉県）を例にして、ちょこっと説明してみたいと思います。

鶴舞CCは、井上誠一設計の東西合わせて36ホールある雄大なコースです。平らなコースだけ回ろうとするなら、東のアウト、西のインという選択が可能です。このルートなら、ほぼまっ平らな林間コースとして堪能できます。

ただ、唯一例外なのは東の9番。そこは、きつい上りのコースです。8番までは平坦だったのに、突如『進撃の巨人』登場かと思うような、目の前に巨大な〝壁〟が現れます。ほんと「えぇ〜、マジ!?　この壁を越えていくの?」って感じですよ。

しかも、距離が420ヤード。極端な上りですからキツいですよ。自慢じゃないですが、バックティーから打って、パーオンしたことは一度もありません。

打つ側とすれば、平らな面に慣れてしまっているので、つい〝明治の大砲（※）〟になりがちです。井上誠一先生はそのことを見越して、わざと最後は上りのきついホールにしたそうです。

西のアウトにも、アップダウンが利いた名物ホールがあります。4番ホールあたりから、えっちらおっちらと地味に上っていく長いホールが続きます。

ところが、それを我慢して乗り越えると、6番ホールで高台に出くわします。そこからの眺望はすこぶるよくて、風もさわやか。とても爽快な気分を味わえます。

そうして、気分もリフレッシュしたところで、ティーグラウンドに立つと、愕然とさせられます。目の前に見えるのは、200ヤード弱の極端な打ち下ろしのショートホール。高低差は約30ヤードで、こんなに打ち下ろしなのに、グリーンは砲台ですから。

ここまで緩やかな上りのコースをタラタラとプレーしてきて、突然崖下に打て、と言われる。これは距離感の出し方が非常に難しく感じます。

メンバーに言わせれば、「常にアゲインストの風が吹いているから、下りの計算はしなくていい」という話です。でもね、人間の心理としては、短めに打ってしまうんですよね。

という按配ですが、アップダウンのあるコースに興味を持てるようになりましたでしょうか。じゃあ最後に、アップダウンコースの見方を変えるヒントを少々。

井上誠一先生は、日本庭園風テイストを好んでコースを造ったとされていますが、アップダウンのあるコースを造るときは、女性のボディに見立てて設計したという説があります。すなわち、フェアウェーのくびれ部分がウエストで、こんもりした小山はバストなのでしょう。

みなさん、間違ってもバスト部分で叩いちゃダメですよ。これからは、芝を撫でるようなクリーンなショットを心がけ、アップダウンのコースを楽しみましょうか。

※明治時代に使用されていた大砲に由来する、悪いスイングを比喩した言葉。体重が右足に残ったままになり、後方によろけてしまう打ち方。

アップダウンも、女性のボディと妄想すれば、いと楽し!!

chapter 12

コースマネジメントは「うまい」シニアから学べ！

みなさん、ゴルフを覚えるとき、誰かの真似をしますよね。

じゃあ、いったい誰の、何を真似すればいいのか。

それは、「飛ばないけど、うまい人」から、コースマネジメントを学ぶ。これに尽きます。

ですから、シニアや、オバちゃんのトップアマとかね、そういう方とラウンドする機会を得たら、そのプレーをじっくりと観察しましょう。いろいろなことに気づきます。

以前、関東じゃ有名なトップシニアとコンペで一緒になって、何度かラウンドをさせてもらったのですが、いつもこちらが負けています。それほど差のない感じでプレーしているのに、いつの間にか「忍者の仕業か!?」って思うほど、鮮やかに打ち負かされてしまいます。

スタートは、双方ドライバーでそこそこのショットを打ちます。

セカンドショットもおおよそ同じ。双方惜しくもグリーンを外す、といった感じです。お互い20ヤードぐらいの寄せ勝負となるわけです。

そこで、トップシニアはフェアウェーからきれいに寄せて、ピン手前3ｍぐらいのところにつけます。こっちはラフからですが、何とかがんばってピン横3ｍぐらいにナイスアプローチ！

ここまではほぼ互角に見えるでしょ？

でも、すでに「戦いは終わっている」のです。

トップシニアは、下から上りの真っ直ぐのラインをしっかり打って沈めました。片や、こちらは傾斜のある横のライン。入るわけもなく、大きく外して、あやうくダボになりかけました。

うまいシニアの方からは、いろいろな「極意」が学べると思います

うまい人との差は、このような微妙な差。その差の積み重ねなのです。

そんなわけで、過去の体験から〝細かく見ないとわからない〟うまい人のコースマネジメントを引っ張り出してみたので、みなさんもぜひ真似してみてはいかがでしょうか。

（1）アプローチは全部、ピン手前につける

多くのグリーンは手前から上りになっています。だから、カップの下につけるのが鉄則です。言うは易しですが、ついピンを狙ってオーバーしてしまうんですよね。

簡単に言えば、上りの真っ直ぐのラインなら、20

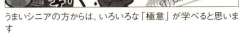

mぐらい下からでも「OK」を取りやすいパットを打てるのです。逆に、ピンの上や横は3mぐらいにつけてしまうと、非常に難しく、3パットの危険が大いにあります。

(2) 刻むときは思い切り刻む

例えば、420ヤードぐらいの長いミドルホールで、なかなか2オンを狙えないことがありますよね。その場合は刻むのですが、できるだけ前へと思って、ピン手前30ヤードぐらいのところを狙います。でも、そういうときに限って、飛びすぎて叩いてしまうのです。

うまい人は、自分の得意な50ヤードとか100ヤードとか、そういう距離感を持っていて、3打目にそういう距離が残るように刻んできます。だから、こっちが「随分(距離を)残しましたね」と思って侮っていると、そこからきっちりと寄せてきます。

(3) 林からは冒険せずに淡々と

うまい人は達観しています。林に入ったら、「ペナルティーだから」と、淡々と脇に出すことが多いです。漫画のような冒険的なショットは一切しません。

おそらく若い頃に何度も痛い目にあっているので、チャレンジしても意味はない、と悟っているのでしょう。現実を受け止めてなんぼ、それがゴルフというやつですね。

(4) ショットはすべて軽やか。特にアプローチは超ソフト

達人はとかくリズムを大事にしているので、アプローチで、PWで110ヤードをフルショット的なことはまずしません。実に軽やかに、多くはスリークォーター、あるいはハーフショ

ットでアプローチをしています。そこの力加減は、極めて参考にしたいです。

（5）アプローチの素振りは念入りに

グリーン周りは、みなさん集中していますね。特に、20〜30ヤードのアプローチは半分ぐらい寄せワンとなりますから。ここが腕の見せどころって感じで、気合いが入っています。ラフやベアグラウンドなどの微妙なライでの素振りの数は半端ないです。「もういいだろう」っていうくらいやっていますから。このしつこさが、シングルたるゆえんなのでしょう。

（6）パターのライン読みはさらにしつこい

パッティングは、グリーンに上ってくるときにはすでに下からのラインを読んでいて、それがルーティーンになっています。ただ、難しいラインのときは、時間をかけて素振りも丁寧にして、勝負をかけてきますね。

（7）絶えず周囲を見る余裕がある。間違っても先に打つことはない

うまい人は余裕があり、絶えず周りの状況を見ています。他の人のパットはもちろん、順番もちゃんと守って、先に打つことはないです。人間ができている、というのでしょうか。

そうして、グリーン周りまでは我々ともいい勝負をしているのに、スコアを書くときには〝うまい人〟が必ず勝っています。そういう場合が実に多いです。

枯れたゴルフを侮るなかれ。

chapter 13

アマチュアこそ、試してほしい「短尺ドライバー」

２０１６年の全米プロ選手権を制したジミー・ウォーカー選手が、42インチのドライバーを使用していて好調だそうです。通常、ドライバーは45～46インチぐらいで、スプーンが43インチ台ですから、３番ウッドより短いドライバーとなります。

ジミー・ウォーカー選手は、飛ばし屋で、平均飛距離は３００ヤード超えを誇ります。名前からは地味そうですが……って、ジミーを日本語として読んじゃあ、あかんって。

とはいえ、そもそもジミー・ウォーカー選手のドライバーは44インチと短かったのです。そこから、さらに2インチ短くした狙いは、ずばり方向性です。フェアウェーキープ率を、50％台から60％台に上げることが目標だったそうです。

その結果、飛距離はさほど落ちることなく、フェアウェーキープ率は上がっているとか。

というわけで、この短尺ドライバーを、アマチュアの我々もうまく利用できないものかと思ったわけですが、そんなことを考えていたら、とあるゴルフ雑誌の企画で、短尺の42インチドライバーを試打する機会を得て、さっそく読者を代表して打って参りました。

実際に打ったのは、そのゴルフ雑誌と懇意のメーカーが作った特注品でした。現状では市販品がほとんどなくて、特別にこしらえるしかないそうです。で、試打した結果ですが、自分のドライバーの平均飛距離が220ヤード弱とすると、10ヤードぐらい飛距離は落ちましたか。でも、球筋はよくて、安定感はバッチリ。打つほどに「これは、使えるぞ！」という感覚になってきましたね。

飛距離勝負より、安定感を高めたほうがいいと思いませんか？

じゃあ、どういう場面でこれを使うか？

ずばり、スプーンの代わりがいいでしょう。私の場合、もともとスプーンはティーショットでしか使いません。フェアウェーの狭いコースや、トリッキーなホールで「慎重に打たなければいけないな」という場面で、ドライバーではなく、スプーンを登場させます。

その際、ちゃんと打てたときにはいい球が出て、とても心強い武器になりますが、唯一難点があります。ときどき、ボールの頭を打って、チョロしたりするのです。スプーンの場合、「これが、たまにあるからなぁ～」と思った矢先の、短尺ドライバーです。

ヘッドはドライバーですから、スプーンの倍以上の面積があります。これだけフェース面が広くて、ティーアップして打てるなら、チョロはまずないでしょう。私がもし42インチの短尺ドライバーを手にしたら、迷わずにスプーンに代えて、キャディーバッグに入れるでしょうね。

ではなぜ、短尺ドライバーがいいのでしょうか。

最近は、クラブの中でドライバーだけが群を抜いて長く、他のクラブとのバランスが取れない状況になっています。それだけ偏っていると、特にアマチュアはその扱いに難儀しますが、短尺ドライバーであれば、他のクラブとのスイングバランスも取りやすくなるのです。

以前、レッスンを受けた先生に「理想のクラブの長さは自分の肘まで」と習いました。直立して、「小さく前へならえ」をしてみてください。肘を曲げて、両手を前に出すことです。そのときの肘から地面までの長さが、自分の打てる最大のパフォーマンスクラブとのことでした。

実際、自分の肘までの長さに最も近いクラブは何か。いろいろとあてがうと、スプーンが合致しました。結局、それ以上に長いドライバーは、やはり扱うのが難しくなるのです。

確かにクラブは長ければ飛びますが、それだけミスをしたり、曲がったりすることも多くなります。しかもアマチュアの場合、せっかく長いクラブで打っても、腕が縮こまって最大飛距離の恩恵にあずかりにくいのです。

本来、スイングアークと言われる「肩の付け根からクラブヘッドまでの距離」が大きければ、それだけ飛距離が出ます。しかし、腕が萎縮してしまっては、意味がないのです。

さて、我々が現実的に短尺ドライバーを使用する際には、どんな心づもりが必要なのか。それは、飛距離に対する〝諦め〟の境地です。

「曲がらずに200ヤード飛べば、幸せ」

このひと言に尽きます。だって、飛ばそうと思ったら、かねてから愛用している〝エースドライバー〟を使えばいいのですから。短尺ドライバーは、飛距離より方向性重視のときの、まさしくスプーンの代用と思ってください。

ちなみに、短尺ドライバーを試打したとき、飛ばし屋仕様の短尺ドライバーもありましたが、それは重くて、ぜんぜんダメでした。むしろ、ついでに置いてあった女子用の短尺ドライバーのほうが楽に振れて、いい感じでした。たぶん、200ヤードぐらいの飛距離だったでしょうか。それでも、フェアウェーがキープできれば、御の字です。

短尺クラブを探すのは面倒だと思われる方は、自分のクラブを指1本分でいいから、短く持って打ってみましょう。私は常にそうしています。ミート率というか、ナイスショットの確率がまったく違ってくると思いますよ。

そんな〝ひとり短尺〟モードで打ってみて、もしも好感触を得たのなら、短尺クラブ探しの旅をしてみる。それもいいんじゃないでしょうか。ぜひ、お試しあれ。

短尺ドライバーは2番ウッド、ブラッシーの再来か？

chapter 14

スピンはかけるものではなく、勝手にかかるもの

アマチュアゴルファーにとって「憧れの小技」と言えば、「スピン」じゃないですか。プロのバックスピンは、高い球でピン奥3メートルぐらいにドスンと落とし、そこからキュルキュルッとカップ付近まで戻す――ああいうショットを一生に1回はやってみたいですね。

でもその代わり、アマチュアでも簡単なスピンはかけることができます。

まず、スピンの定義です。プロの試合を見すぎると、「強烈なバックスピン」のみをスピンと解釈しがちですが、ボールがすごい勢いで逆回転しなくても、スピンと呼びます。

例えば、60ヤードぐらいのアプローチで、ウェッジを使って低めに打った場合、ボールが2～3回バウンドして、ややブレーキがかかって止まることがあります。あれは、ちゃんとスピンがかかっているから、間延びしないのです。

昔、タイガー・ウッズが日本に来て、公開レッスンをしたときは、「60度のサンドウェッジで低く打ち出して、ボールを2～3回バウンドさせて止めます」とインカムで説明しながら、目の前で実演。あのときは、身震いしましたね。

個人的にはスピンをかけることはありません。短いアプローチでも、ボールが落ちてから惰

性で転がる距離を計算し、カップのどれくらい手前にボールを落とすかを考えて、サンドウェッジで高い球を打ちます。

砲台グリーンで、カップがすごく手前に切ってある場合などは、もう諦めの境地で「グリーンに乗れば、カップの奥に転がってもいいや」と思って打ちます。下手に小細工して打つと、余計なミスをするので、「こざかしいことはしない」、そう決めているのです。

プロが見せるようなバックスピンがかかったら、興奮しちゃいますよね

私はスピンをかけない派でプレーしているのですが、たまたまスピンが勝手にかかることがあります。それは、ご褒美ということで、喜んでスピンの恩恵にあずかります。

じゃあ、たまたまスピンがかかるって、どういうことなんでしょうか？

以前、日本の「スピンの父」と言われた（というか、私が勝手に言っているだけです。すみません……）、竹林隆光さんにインタビューしたことがあります。スピンがかかる理由の一端が、そのときの話から垣間見ることができます。

竹林さんは、クラブデザイナーであり、『フォーティーン』の創業者です。自らもプレーし、日本オープンへの出場経験を持つトップアマでもあります。

フォーティーンブランドのウェッジは、よくスピンがかかると評判でした。個人的にも何本も持っています。最初にフォーティーンのウェッジで打ったときは、ボールの表面から鉋《かんな》をかけたみたいな、小さい削りカスが飛んで、びっくりしたものです。それだけ、シャープにカットが入るんですね。

インタビューでは、スピンの話に花が咲きました。フォーティーンのウェッジが発売されてから、アマチュアの「スピンに対する意識が変わった」とおっしゃっていました。それはつまり、「スピンはかけるものから、勝手にかかるもの」に変化したというのです。

プロや上級者は、意図的にボールに回転をかけて、スピンを発生させます。その方法は、アイアンやウェッジのロフトを立てて、ボールを潰すように打つのですが、アマチュアが真似できるようなものじゃありません。逆に、大きなミスにつながる可能性のほうが高いでしょう。

ところが、フォーティーンのウェッジは、普通にアマチュアが打っても、勝手にスピンがかかるのです。そう言われても、「スピンの実感は少ないです」と私が言うや、竹林さんは最適な条件を提示してくれました。最もスピンのかかりを感じやすいのは、「アプローチウェッジで、50～60ヤードを打ったとき」なんだそうです。

そうかぁ～。そう言われて、妙に納得しました。要するに、１００ヤードぐらいの距離だと、スピンはかかるけれども、もともと高く上がったボールだから、勝手にボールが止まる。一方で、20～30ヤードの短い距離だと、スピンがかかるほどの摩擦が発生しない。

それが、50～60ヤードの距離だと、適度に打ち込むので、摩擦が生じて勝手にスピンがかかりやすいのです。しかも、自分の目でスピンを確認しやすい、というメリットもあります。

もちろん、グリーンの硬さや湿り具合、そしてライによって、いかようにでも変化しますから、スピンの発生率はさほど高くありません。意識せずに打って、「あれ？ 今回はスピンがかかっているぞ」というのがいいでしょう。

スピンは、忘れた頃にやってくる――そんなところでしょうか。

竹林さんの教えもあって、今でもアプローチはフォーティーン製です。もちろん、最近のクラブメーカーは研究熱心ですから、評判の高いウェッジはどれもスピンがかかりますけどね。

たまたまスピンがかかったときの爽快感は、ドライバーでナイスショットを打ったときよりも気持ちいいかもしれません。とはいえ、スピンが決まったからといって、ドヤ顔で同伴者たちの顔を覗き込むのだけはやめましょう。

スピンがかかっても、あくまでさりげなく、平静を装ってプレーするのがいいでしょう。周囲は十分に、あなたの実力を知っていますから。

たまたま、スピンがかかればラッキーという気持ちで。

chapter 15

アマの夢。「80台」を出すための4つの戦略

アマチュアゴルファーの憧れは、なんと言っても「80台」のスコアを出すことですよね。とりあえず、「100切り」は達成できた。じゃあ、次は「80台を1回出してみたい」と思っている方は、結構多いんじゃないですか。

そこで今回は、「90台」と「80台」の違いは何だろうか。そこを考察してみたいと思います。

何を隠そう、私も「80台」はなかなか出せませんでした。「80台」を出している同伴プレーヤーがいると、その人のことをまるでプロでも見るような眼差しで見ているだけでしたからね。あまりにも遠い存在だったので、最初は「80台」を出すための戦略すら考えませんでした。とにかく勢いでぶつかり、途中でいろいろとやらかして挫折……そのパターンの繰り返しでした。

「80台」を出すには、スコアで言えば、まずはハーフで「45」を切る――これですね。ときどき、勢いで「44」とか「43」とか出るときがあります。すると、だいたい「後半もこのプレーを続ければ、80台じゃん」って思うんですよ。ところが、なかなかねぇ……。変に意識してしまうのか、スコアは逆に50オーバーして意気消沈……なんていうのがザラでしたね。

実は「80台」を出すヒントは、「100切り」のときの戦略にありました。

１００を切るときは、ティーショットで大きく曲げないというのと、セカンドショットで打つクラブを安定させることで、飛躍的にゴルフが改善され、いいスコアにつながりました。再びそれをベースにして、「じゃあ、80台はどうすれば出るんだ」と、いつもそのことばっかり考えていたら、いつしかコンスタントに「80台」が出るようになったのです。

「100切り」を成し遂げたら、次は「80台」のスコアを目指したいですよね……

今思い返しますと、おおよそ4つの戦略を立て、それを実行したのが勝因ではないかと思っております。以下、４つの戦略を紹介しましょう。

（1）ティーショットの刻みを覚える

１８０ヤード地点からドッグレッグになっていて２２０ヤード打つとショートカットできる、なんてレイアウトがありますよね。そういうときは迷わず〝刻み〟です。他、４２０ヤードの真っ直ぐなミドルホールで左右が狭い。そういうときも、３番ウッドかユーティリティーで刻みます。そうやって、最初からパーオンしない戦略で打てるでしょうか？　これ、大事ですよ。

ロングホールでは、みんなバカのひとつ覚えみたいにドライバーを使いますが、そこでもレイアウト次第では刻みます。刻みは、ドライバーより正確に打てるクラブで刻むわけで、「オレ、スプーンは苦手なんだよ」って方は、それも使ってはいけません。自分なりにある程度自信を持っていて、真っ直ぐに打てるクラブが刻みで使うクラブです。それが5番アイアンでもいいんです。刻んだのにボールを曲げては、意味がないですから。

（2）林からはボールを1回で出す

林にボールが入ったら、とにかく真横でいいから出す。過去、できるだけグリーンの近くを狙って、なんぼ痛い目にあってきたことやら。横にボールを出すと「これを乗せて1パットでパーが取れる」って、みんな希望的妄想をするんですよね。しかし現実は厳しい。ありがちなのは、その3打目もグリーンを外して4打目も寄せ切れず、結局2パットしてダボってところでしょう。そこはもう〝林にボールが入ったら、ダボを覚悟する〟こと。最悪の状況を想定してプレーすると気が楽になり、力みも減って、案外ボギーで上がれることもあります。

（3）アプローチはかっこ悪くていい。とにかくグリーンに乗せる

グリーンまで残り30ヤード。サンドウェッジで「フワッと打って」、あるいは「スピンを利かせて」なんて思ってやるから、ミスをするんです。もちろん、芝の状態を見て、ライがいいときは狙ってください。

けれども、ちょっとでも打ちづらいときは、9番アイアンで転がしたり、パターを使ったり

して、とにかくグリーンに乗せる。ザックリやトップしそうだったら、なおさら転がしです。

（4）3パットはしない。とにかくオーケーの距離に寄せる

5メートルぐらいのバーディーチャンスというパットを打つときが、たまにあります。その際には、心の中ではバーディーよりも、確実にパーが欲しいって思うことです。

5メートルを入れにいって、外したら2メートルくらいオーバーするかもしれません。これは、絶対にナシですから。5メートル以上のパットを打つときは、〝入れる〟よりも〝寄せる〟ことが重要だと考えてプレーします。なるべく3パットをしないように心がけるのです。

以上、〝4つのお願い〟って、「ちあきなおみ」じゃないですよ。私はこれら4つの戦略を決めて、なるべく実行しようと心がけました。そうしたら「80台」が出せるようになったのです。あとメンタルですね。スタートホールがダボでもめげないこと。前半叩いてしまったら、気持ちを切り替えて後半だけのプレーに集中しましょう。いいスコアを出して『大波賞』（アウトとインのスコア差が一番でかい人がもらえる賞。コンペではときどきあります）を狙うとか。とにかく、ゴルフの神様に怒られないように最後までベストを尽くす。これが、大事です。

前半叩いても、あきらめないこと。あきらめると、後半もっと叩きますよ。

chapter 16

スランプに陥ったとき、どう対処すればいいか

みなさん、日夜ゴルフに励んでいると思いますが、最近の調子はどうですか？「絶好調」ですか？　ならば結構。でもね、「何で好調なのか、述べてください」と言われると、みなさん返答に困るようです。まあ、好調のときは困らないのですが、問題は不調のときです。叩いてしまう理由を見つけないと、対処のしようがありません。そんなわけで、調子の悪いとき、どうやって乗り切るか、それを述べたいと思います。

(1)　練習場はひらめきの場所である

程度の違いはあれ、調子が悪いなら練習場で打ってみることが大切です。けど、調子が悪いまま練習をすると、変なボールばっかり出ます。これはもう、どうしようもありません。いっそレッスンプロに見てもらおうかと、藁《わら》にもすがる気持ちになりますね。

実は数年前、私は何を打ってもまったく当たらないスランプに陥りました。このときは、焦りながらも練習場でやみくもにボールを打ちました。そして、練習開始3日目で、ようやくあることに気づいたのです。

俗に言う「ひらめき」ってやつですね。「ダウンスイングの軌道がアウトから入りすぎている」ことに気づき、これを矯正することに……。といっても、そんな簡単なことじゃなくて、そこからは話が長くなるので端折《はしょ》りますが、半年かけてようやく、90台前半くらいのスコアが出せるようになりました。

スランプに陥ったら、神様でも何でもすがりたくなりますよね……

ここで言いたいことは、自分で工夫して練習をやっていると、突如〝神が降りてきて啓示を与えてくれる〟ことがある、と。私はそのスランプのときは、3日練習してひとつ、使える啓示をいただきましたが、それはマシなほうです。だいたいの啓示は勘違いで終わることが多いですから。10個啓示をもらっても、使えるのはふたつぐらいですかね。

言い方は悪いですが、「下手な固め打ち」というのがあって、自己流でも安定してスライスボールが出るなら、それはそれで十分ゴルフになると。そういうことで、練習中はいろいろと考えながら打って〝神の啓示〟を待ちましょう。

（2）リハビリラウンドの大切さ

不調でも声をかけられればゴルフをしなければいけない。これが、アマチュアゴルファーのつらいところです。

調子が悪くてコンペに行きたくなくても、欠席すると「付き合いが悪いやつ」と思われる。だから、しぶしぶ参加して、また叩いて怒り心頭し、夜眠れなくなるのです。

こういうときは、ぜひとも〝リハビリラウンド〟を取り入れましょう。

コンペなどに参加したら、まず同伴メンバーに「最近スランプなので、今日はリハビリラウンドで臨みます。よろしく」と言えばOK。ニギリもなしで、だいぶ楽なラウンドができます。

使用クラブは、これは絶対安心というものを使います。私の場合、アイアンが苦手なので、スランプ時はウッドとユーティリティー多めで臨みます。

ドライバーが曲がる方が多いですが、そういうときはどうせスプーンも当たりませんから、ティーショットでも19度ぐらいのユーティリティーで打ちましょう。ドライバーが打てないと、「ドラコンにも参加できず、つまらない」という方もいるでしょうが、叩くともっとつまらないですよ。実際に、そうやってリハビリラウンドをしている人と、何回も一緒に回りました。私の周りでは、わりとポピュラーなやり方のようです。

でも、何をどう打っても全然当たらない——こういう方は、1回休むのもいいでしょう。

（3）別な方向で気晴らししてみる

叩きすぎて困っている方は、ちょっとゴルフを休んでください。たぶん、ムキになったり、意地になったりして、体をカチンコチンに硬くさせて、体の可動域を狭めている可能性がありますから。

昔の私もそうでした。あんまり体が動かないからマッサージに行ったら「こんなに硬い体、見たことない。(体に) 指が入らない」って言われました。そして「病気してない?」って何度も聞かれました。この硬さで元気なのが不思議なんだそうです。とにかく、どうにもならないときは一度マッサージやエステに行ってみたり、ストレッチするのがいいかもしれませんね。そして、軽くジョギングするのもいいでしょう。体調がよくてぐっすり眠れるし、便通もいいし、体力もつくし、いいことずくめです。

(4) 究極のリハビリラウンド

リハビリラウンドでもプレッシャーがある。そういう方は、ショートコースや河川敷コースなどで、スコアをつけずに、お気楽ラウンドをしましょう。

というわけで、スランプは寝ていても治りません。誰でも一度は通る道です。

「ゴルフやめますか? スランプ治しますか?」

そりゃ、スランプ治して前に進むしかありません。前進あるのみです。

スランプ時は、休んだり、練習したり、キャバクラもいいね♡

chapter 17

逆光のコースに遭遇したら、どう対処すればいいか

ゴルフをしていて何が一番嫌かって、いきなり逆光のコースが現れたときです。

特に朝や夕方、日差しがモロ斜めに差し込んでいるときはたまりません。打ったボールがまったく見えないというか、まともに当たっているかさえわからないですから。さすがに空振りはしませんが、メンタルが弱い自分としては、ろくなショットにならないので困ったものです。

それでも、プレー中に逆光のコースに遭遇するのは仕方がないと思って諦めますが、驚くのは朝の練習場が逆光というゴルフ場です。いったい、あれは何なんでしょう？

練習場ですから、場所は固定されています。しかも、多くの方はラウンド前の朝方に練習します。なのに、逆光の練習場を造りますか？　建設途中にそれに気づけば、打席の角度を変えるとか、庇《ひさし》を設けるとか、なんぼでも改革案があるでしょうに……。

これは、あえて逆光の練習場を造って、プレーヤーを鍛える〝親心〟と理解しておきますか。そんな練習場があるゴルフ場は、往々にしてコースも逆光な場合が多いですから。その注意喚起をしているのかもしれません。ほんと、余計なお世話ですけどね。

実際に逆光コースが多数あるのですから、我々はその対処法を考えないといけません。

逆光だと、ボールがどこにいったのか本当にわからないんですよね……

とりわけ、ビジターでラウンドしている場合、逆光コースはいきなり現れます。常にスポーツ用のサングラスをかけている人なら苦にならないと思いますが、アマチュアレベルではそういう人はまだまだ少ないですからね。

いい対処法としては、逆光コースが現れたら、まず帽子を深くかぶります。帽子のツバでなるったけ、太陽光を避けるのです。そして、コースのレイアウトを見て、どこが安全か、どこが広いかを確認し、とりあえず無難なポジションに狙いを定めます。

そのうえで、打つときは同伴プレーヤーに「逆光なのでボール（の行方）を見ていてください」と頼みます。これはお互いさまなので同伴プレーヤーも快く引き受けてくれるでしょう。もちろん代わりに、他のメンバーが打つときはそのボールの行方を追うこともお忘れなく。

ボールの行き先を見てくれるとわかったら、思い切りショットするのがよろしいでしょう。

逆光だと、打ったボールの行方は追えないわけです。そこは逆転の発想として、むしろヘッドアップをしないで済むんだ、と理解しましょう。

普段、練習場で顔を上げずに打って、ボールの行き先を見ないようにするのもいいかもしれません。上原浩治投手並みに、ボールの進行方向を見ないやり方で打ってみるのです。そういう練習をしておくと、逆光に対しては効果的です。テレビでプロのトーナメントを見ていると、逆光の中、果敢に打っている選手が結構います。プロだから当然ですが、むしろ有名な試合でも「逆光コースがあるんだ」と、そっちに驚きますね。

なんでそんな話をするのかというと、なんと有名設計家の井上誠一設計のコースには「逆光コースがない」と言われているからです。その話を聞いて、かつてメンバーだった同氏設計の鶴舞カントリー倶楽部（千葉県）では、「そういえば、逆光コースにあったことがないなぁ」と。

これは案外本当かも、と思っていろいろと調べてみたら、井上先生は札幌ゴルフ倶楽部の設計（1958年開場）の頃から、逆光コースをナシにしているとか。太陽の向きを通年で調べ、クラブハウスを北側に配置し、コースは東南の温暖な傾斜地に置くのを理想としたとか。

逆光になるのは朝日から夕日まであって、しかもコースはアウトとインがありますから、それをナシにするなんて、かなり難しいことだと思います。しかし、いかに逆光にならないようなレイアウトを組むか、井上先生はきちんと計算していたそうです。もちろん、例外はありますよ。「あそこは逆光じゃん！」とか突っ込んだらキリがないですから。

井上誠一設計のコースでも、何十年も経てば、木を切ったり、伸ばしたりと景観が変わります。他、アウトとインを入れ替えたり、改造したりもあるので、全部が全部、逆光がないというわけではありません。そこは悪しからず。

何はともあれ、井上先生の設計理念は素晴らしいじゃないですか。

ただ問題なのは、井上誠一設計のコースに行くと、逆光のないことの素晴らしさに気づかないんです。逆光がなくて、当たり前と思ってしまいますから。それには一度、逆光の激しいコースに行ってから、井上誠一設計のコースに行くのがよろしいかと思います。そうすれば、そのありがたさがしみじみわかるかもしれません。

そんなわけで、我々アマチュアゴルファーが肝に銘じておくべきは、逆光コースが突然現れても慌てないこと。そして逆光コースこそ、ヘッドアップしないで打てる、理想のスイングができる場所だと、逆転の発想で臨みましょう。逆光でプレーするのが不安な方は、優秀なキャディーさんをつけましょう。同伴メンバーにボールの行方を見てくれと頼んでも、「どうだった？」と聞くや、「逆光でボールがよく見えなかった」って言いますからね。

「逆光だから、ボールを見ておけって言っただろっ！」

「だからぁ〜、逆光だからボールが見えないんだ！」

などとベタベタな関西漫才みたいな、不毛な会話を続けるのは、勘弁願いたいものですね。

逆光コースでのショットは、同伴メンバーに見てもらうしかない。

chapter 18

ラウンドの朝、ゴルフ場に来てからやるべきこと

日頃、ろくに練習をしない方は、私も含めて、ラウンド当日のゴルフ場での練習が、その日の〝勝敗（出来・不出来）〟を分けます。できることなら、ぜひスタート1時間半前には来場して、ゆっくりと朝食を食べたあと、たっぷりと練習をしてください。

朝早く行くのは簡単なことですが、同伴プレーヤーの相手によっては、練習するタイミングが違ってきます。友人同士であれば、好きなように食事をし、練習をやってから、スタートホールに集合すればいいでしょう。

しかし、ちょっと高級なゴルフ場へ、会社の上司や先輩、取引先の方などに連れられて来た場合は、勝手が違ってきます。日本の縦社会のゴルフでは、〝和を重んじる〟風潮があり、それに従わなければなりません。

同伴相手が社長クラスなら、玄関前で到着を待って、お出迎えするのも致し方ないでしょう。先輩クラスにはそこまでしなくてもいいですが、決められた時間よりも少し早めにゴルフ場に着いて、レストランで和定食でも食べながら、先輩の到着を待つのがいいでしょう。

つまり、ゴルフ場のレストランで全員集合することが、大事なのです。

そこで、コーヒーでもすすりながら、先輩の艶っぽい武勇伝を聞くもよし、時事ニュースに突っ込みを入れるもよし、しばし歓談して、先輩たちが練習をしようとしたら、一緒に練習をすればいいのです。話が盛り上がって、練習する時間がなくなり、そのままスタートということもあるでしょう。それは、その場の流れに任せるしかありません。

会社の上司や先輩、取引先の方とのラウンドでは、その場の流れに従うしかありません……

でも、練習はしたほうがいいですし、「練習したい」という方もいるはずです。そんな方は、8時にクラブハウス集合となっていたら、7時30分にはゴルフ場に来て、練習をたっぷりやってから、何食わぬ顔でみんなと一緒に朝食を食べればいいのです。先輩たちが「練習しよう」と言ったら、また適当に練習すればいいだけの話です。

さて、練習のポイントですが、基本はあまり打ち過ぎないことです。練習場の1コイン（1箱）、24球〜30球ぐらいですか。それだけ打ったら、どんな球が出ようが打ち止めにしてください。昔は、ラウンド直前に3箱も練習したことがありますが、どんどんスイングが悪化して、その日は一日、ゴルフにりませんでした。

2箱目を打ちたいと思うのは、自分自身が納得していないからです。スライスばかり出るとか、ダフってしょうがないとかね。でも、人生何事も諦めが肝心です。悪ければ悪いなりに、「今日は調子が悪いから、慎重に、あまり振り回さないようにしよう」と、謙虚な姿勢で臨んだほうが、案外叩かないものです。

それに、ゴルフ場の練習場所はドライビングレンジだけではありません。普段、町の練習場じゃあ、芝の上からアプローチなんてしないでしょ。せっかくですから、アプローチ練習場でどんどん球を打って、芝生での感触をつかみましょう。

えっ、「アプローチ練習場がない」って。そういうときは、空き地みたいなところで、こっそりやってください。しかも、ライの悪いベアグラウンドでやりましょう。地面を打っている分には、誰も文句はいいませんから。地面からボールを上げられたら、そりゃもう一人前ですよ。低い球でいいから10ヤードくらい打つ練習をすれば、かなり現場で役立ちます。

加えて、スタート直前にはパター練習もやりましょう。よく2メートルぐらいの距離から打ってカップに入り、「今日は調子がいいぞ!」なんて言う方がいますが、それはオマケです。本来、パッティンググリーンでは、その日のグリーンの速さを確認し、自分のタッチ具合を調べる。それが、大事だと思います。

私の場合の距離感の出し方は、歩測でイメージします。6歩と12歩の距離を基本にして打って、今日はグリーンが速いか、重いかを調べます。曲がり具合とかはあまり見ません。アマチュアのパットは、10〜15メートル程度の距離を、いかに2パットで入れるか、それに尽きると思います。

そして、いよいよラウンド開始。深呼吸をして、素振りを1回、それから運を天に任せて思い切り振りましょう。

様子を見たりして、俗に言う「合わせて打つ」みたいなことは、高等テクニックなのでやめましょう。最初はOBでもいいから、とにかく豪快に振ること。空振りやチョロより、すごく飛んで曲がったほうが、周囲の人も「惜しいなあ」と言ってくれますよ。

ショットは、決して後悔しないこと——そのためには、思い切りが必要だと思います。

朝のゴルフ場でやることは、トイレに行って(大)を出すことが90%。

第3部

知ってると得なゴルフ文化

chapter 19

若者が最も嫌う「ポロシャツ、イン」問題を考える

とあるウェブサイトのアンケートで「オジさんファッションのどこが嫌いか？」という調査をしたそうです。セカンドバッグを持っているとか、Yシャツの下のランニングシャツが透けて見えるとか、白ブリーフとかって、それはいつ見るんだよぉ～、ですが。とにかく、そんなたぐいのアンケートで堂々の1位になったのは、ポロシャツの裾をズボンの中に入れている姿なんですと。ガーン!? ゴルフをやって、はや4分の1世紀。「マナーだから、ポロシャツの裾を中に入れろ」と言われて忠実に守ってきたのに、その姿が〝最悪のファッション〟とは……。う～む、この由々しき事態、どうしたらいいでしょうか？

毎回、進歩的なことを書いているつもりのコラムですから、当然ポロシャツの裾は外に出す派を応援すると思うでしょう？ いえ、この話は別なんです。実は事情があって、ポロシャツの裾は中に入れる派です。

というのも、私はお腹が冷えるといやだから、ポロシャツの裾はズボンの中に入れて暖めたいのです。もともとお腹が弱い体質で、子どものときは腹巻きをして寝かされていました。ゆえに、夏場でもポロシャツを外に出して、お腹を外気にさらしながらラウンドしたら、あっと

いう間にトイレに直行です。見栄を張って、ポロシャツの裾を出してプレーするときは、中にタンクトップを着て、お腹を冷やさないようにしておりました。

若者のゴルフ離れは凄まじく、お金と時間がかかるゴルフは、人気がありません。加えて、ポロシャツの裾を中に入れてプレーって、かなり嫌みたいです。大学に、お遊び系のスポーツサークルがありますよね。そういう輩の夏場のサークルウェアはポロシャツになります。テニスウェアの代わりなのでしょう。もともとテニスは動きが激しいので、試合中もポロシャツの裾は外に出しています。だから、ポロシャツの裾は外に出すもの、というイメージが出来上がるのです。

ポロシャツの裾をズボンの中に入れても、精悍でカッコいいと思うんですが……

我々の子どもの頃には、Tシャツも中に入れていました。様子が変わってきたのは、漫才ブームやトレンディードラマ全盛の頃からでしょうか。肩パットのダブルスーツ全盛でしたが、カジュアルになると、なぜかシャツの裾を出すファッションが流行りだしました。

そう考えると、ゴルフファッションは20年、遅れています。ガラパゴス化ですか。そんなですから、ゴルフ場は「別世界」なのだと、若者に言い聞かせるしかありませんね。

遅れているファッションでも、女子プロでは丈が短めのポロシャツで、ヘソ出しが流行った時期がありました。進んでいる方は、ヘソピアスもしていました。あれは、カミナリが落ちたら、大事故になりますね。また、ポロシャツではありませんが、男子でも石川遼選手の世代は、見た目はジーンズと変わらないようなゴルフパンツをはきたがります。正式なゴルフウェアですが、知らないオジさんは「ダメだよ、ジーパンはいてきちゃ」と注意しそうです。

さらに、彼らはボロボロになったアポロキャップも好きです。これもまた、「なんだ、その破けた帽子は!? 帽子も買えないのか!」なんて、オジさんなら言いそうです。「いえいえ、お金をかけて、わざとボロボロにしているのです」と説明したところで、年配の方には理解不能な行動に映るでしょうね。

そうそう、服装で思い出しましたが、以前、某コメディアンと一緒にラウンドしたとき、その方はスウェット系の格好でゴルフ場に現れたんですね。そうしたら、当然のごとくゴルフ場から注意をされましたけどね。本人曰く、「スポーツ施設に入るのに、なんで運動着を着て入っちゃダメなんだ? おかしいでしょ?」と言うのです。これには一理ありますが、ゴルフ場はスポーツ施設であると同時に、会員制の社交場です。なぜか、そっちが優先されます。そのくせ、お客さんはビジターばかりですけど。

プロ野球選手の移動日は、新幹線に乗るときなど、スーツ着用です。誰もジャージ姿で新幹線には乗りません。そういうマナーになっています。それと同じことを、ゴルフ場は100を平気で叩くアマチュアゴルファーにさせているのです。よく解釈すれば、こんな下手なやつらでも、試合の気分を味わえるぞ、と言いたいのかもしれません。

ゴルフ場が社交場だとしても、最近の若者たちは社交をしません。多くはスマホやPCで予約し、フロントじゃあ、提携のポイントカードを提示して、名前すら書きません。プレーはセルフですから、極論を言えば、同じパーティー内の人以外とは、一切喋らずに過ごせるのです。

これで「社交をしろ」と言っても、何をどう喋ればいいのやら……。「お昼の海鮮丼がうまかった」って、SNSの中ではコミュニケーションを取っているようですが……。

そんなこんなで、今の若者のファッション感覚とコミュニケーション能力は、オジさん世代には到底理解できないようです。お互い、どこか歩み寄りましょうか?

「世代割り」なんて、どうでしょう。20歳以上、年齢が離れているメンバーで一緒にラウンドするなら、割引にするとかね。そういうのをやって、若者客を引き寄せ、世代間のズレを解消できたらいいなと思う、今日この頃です。

ポロシャツをズボンの中に入れると、お腹が冷えなくていいぞ。

chapter 20

接待ゴルフの進化系「ステルス接待」とは?

その昔、ゴルフと言えば「接待」と言われたバブリーな時代がありました。

接待系の名門コースには、『運転手控え室』まであったのです。ハイヤーの運転手さんは、接待されるお客さまや社長がラウンド中、そこで将棋を指しながら待機することができたのです。かつては、それぐらい接待ゴルフが多かったんですね。

それにしても、何ゆえ〝接待ゴルフ〟が高度経済成長以降、すごく流行ったのか。

答えは簡単です。それは、日本の名だたる企業が自らゴルフ場を所有していたからです。ゴルフ場を持っているのですから、それを使わない手はないです。どうせ自前のコースですから、広い意味でタダみたいなものでしょう。「うちはコースを持っているぞ」と、自慢するのも目的のひとつですね。そんなふうにして大企業がコースを持って接待ゴルフをする一方で、その下のランクの企業は、おおよそ会社でゴルフの『法人会員権』なるものを購入。それを役員クラスに分け与えて、こちらも自由に接待ゴルフをしていましたね。

その当時、ゴルフだけは接待交際費で認められる風潮がありました。これが、テニスやスキー、スキューバダイビングなどでの接待となると、なぜか経費で落とせない。そういう理由もあって、接待ゴルフが横行したのです。

しかし今では、すっかり接待ゴルフも鳴りを潜めました。代わりに、最近では〝ステルス接待〟なるものが増えてきています。これは、接待される側が気づかないというもの。それじゃ、接待する意味がないと思うのですが……。要するに、今やゴルフが大衆化して、奢《おご》られてもありがたく思われなくなっています。であれば、大事な取引先の方とか社長さんにはコンペなどで気分よくなってもらおうと、それも自力で優勝したと思わせることによって、より親睦を深めようと考えられたものです。

「ステルス接待」とは、すごい時代になってきましたね……

じゃあ、ステルス接待はどうやるのか。

2～3組のミニコンペなどでは、大事な取引先の方、接待する社長さんをトップスタートにします。そして、ニアピンやドラコンなど、社長さんが最初に権利を得た状態となったら、後続の組はその権利を決して奪わないようにします。

つまり、ニアピンの場合、社長さんより近くに寄せたとしても、ニアピンの旗に名前を書き込んだりはしません。ドラコンも同様です。社長さんがたとえ200ヤードしか飛ばなかったとしても、後続は名前を書き込まず、そのまま社長さんにドラコンを与えてしまうのです。

もちろん、社長さんが程良いドラコンやニアピンの権利を取れなかったら、バラします。そこまでは面倒を見きれませんからね。

ただし、最終結果においては、とんでもない操作をして社長さんを優勝へと導きます。

通常ミニコンペなどでは、順位を新ペリアというルールで決めることが多いです。これは、18ホール中、12ホールを隠しホールとしてピックアップし、その12ホールで叩いた場合、高いハンデがつく仕組みになっています。細かい計算方法がありますが、簡単に言えば、隠しホールでダブルボギーやトリプルボギーを叩けば高ハンデを得られ、優勝する確率が高くなります。

そして本来、隠しホールはコース側しか知らないので、どこで叩けばいいかわかりません。しかし、ステルス接待ではそれを逆手にとって、接待する社長さんのスコアを予め見て、社長さんがダボやトリプルを叩いたところをハンデホールにしてしまうのです。

さすれば、ゆっくりとお風呂につかっていた社長さんがコンペの表彰式に出る頃には、エクセル計算を終えたスコア集計も完了。社長さんの優勝が決定、という段取りになります。

「オレ、『98』も叩いたのに優勝かぁ〜。なんか悪いなぁ〜」

最初はそう言って、社長も恐縮するでしょう。でも……。

「隠しホールが見事にはまり、ハンデが28も。社長、運を持っていますね！」

なんて言ってあげれば、社長もまんざらではないでしょう。

どうです？　〝接待〟されたことにはまったく気づかず、優勝トロフィーをもらった社長はご満悦です。その後の取引にも少なからず好影響をもたらしてくれるのではないでしょうか。こういうステルス系の接待は、大手広告代理店ではごく当たり前のこととして行なわれています。いろいろと考えるものですね。

ところで、古き良き接待ゴルフですが、今の世の中、接待系のコースを企業が持っているなんて「けしからん」といった風潮もあり、そうしたコースもほとんど消えていっています。たとえ所有していても、一般に開放しているのが常です。

そこでオススメなのが、そういうバブリーな接待系コースにネット予約で行くこと。これが、結構楽しいです。昔、口説けなかった高級クラブのお姉ちゃんが、すごく安いスナックで働いている感じでしょうか。

昔はステータスを振りかざし、値段も高くて行けなかった〝名門コース〟。かつてプレーできなかった恨みを、今こそ晴らそうではありませんか。だからって、コースで立ちションをしてはいけませんよ。その恨み、スコアでしっかり返すのが、ゴルファーってものです。

一般人が、新ペリアのコンペで優勝しても、それは、単なる偶然。

chapter 21

キャンセルとクローズを巡る、ゴルフ場と客の心理戦

ゴルフ場って、ディスコやクラブと同じで、お店（コース）をオープンしたら、なるったけお客さんを入れたほうが得です。お客さんが100人いようが、ひとりだろうが、芝の上（コース）で打たせて、食事を提供して、お風呂にも入れるようにしないといけませんから。風呂のボイラー代や電気代などの経費は、ひとりでも、100人でもほぼ一緒ですしね。

そんなわけで、コース側はぎりぎりまで集客に余念がありません。

何にせよ、便利な世の中になりました。つい数年前まで、ある名門コースでは土日や祝日にラウンドしたい場合、ハガキで応募して抽選の結果次第なんてところがありました。懸賞じゃないんだから、勘弁してほしいです。さすがに今は、電話での予約になっていますけど。

ただ、便利すぎるのも問題があります。急に面倒になったとか、嫌になったからといって、当日キャンセルするわがままなゴルファーがいたりしますから。ちょっと雨がパラついているだけで「今日はやめた」ってキャンセルしちゃうとか、そういうことがバンバンあるわけです。

昔、キャンセルの場合、ひとりにつき5000円を支払わされるコースがありました。なぜかそのとき、自分がコースを予約していて「4人の予定が3人になりました」ってフロントに

言ったら、「ひとりキャンセルですね。それでは5000円払ってください」と言われて面食らいました。

なんで自分が、キャンセルしたやつのキャンセル料を払わねばならないのか!? しかも、あとで請求できるような頻繁に会う人じゃなかったし……。予約した人間が損をする制度には納得いきませんでした。

ゴルフ場のクローズが休校ほどうれしいかどうかはわかりませんが……

今はよっぽど頑固な名門コース以外は、欠けた人数分のキャンセル料を取るなんて話は、なかなか聞きません。もちろん、予約した組がまるごと全員キャンセルとなったら、キャンセル料を請求されるところは結構あります。

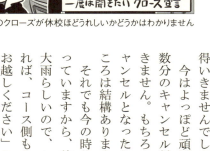

それでも今の時代、天気予報もかなり精度が上がっていますから、前日にコースに電話して「明日は大雨らしいので、キャンセルにしてください」となれば、コース側もたいがい「また、天気のいい日にお越しください」と言わざるを得ません。

大雨となれば、プレー当日のキャンセルでも、キャンセル料を取らないところが多いです。でもそれは、お客さんのマナー的にはちょっとどうなの？　って、思いますけど。

ちなみに、ラウンドを開始して途中でプレーを中止したら、料金はどうなるのでしょうか。

厳密に言うと、プレーヤー自らの判断でリタイヤした場合は、プレーフィー全額を支払うことになっています。急な用事ができたとか、お腹が痛いからやめたとか、雨で体が冷えてきたからとか、ですね。

一方、コース側の事情でプレー続行が不可能になったときは、プレーフィーは全額戻ります。ただ、ハーフを終えていたら、戻ってくる金額は半分になることが多いです。どちらにせよ、この場合の多くは悪天候によるクローズです。雪や大雨といった場合でしょうか。

じゃあ、雷でクローズとなるか？　案外小1時間ほどで再開されるケースが多いです。

この小1時間は、コース側にとってはむしろオイシイ時間です。ほとんどのパーティーがクラブハウスに戻ってきて、宴会をし始めるからです。つまり、レストランの売り上げが半端なくアップするわけです。コース側にとっては、雷さまさまですね。

クローズの醍醐味を味わうのなら、やはり大雨でしょう。ゴルフ場はコースが水浸しになっても、なかなかクローズにはしません。だって、クローズにしたら、その日の売り上げが飛んでしまうからです。フェアウェーが相当水浸しになっていても、カジュアルウォーターの措置で乗り切ってもらおうとします。「ボールは状態のいい場所に移して打ってください」と。コースには起伏がありますから、不思議と打てる場所があるんです。

問題は水浸しになったグリーンです。コース側からは、ボールの位置を水はけのいい場所に変えて、同じ距離を打つように指示されますが、カップ周りの360度がすべて水浸しになったら、どうにもなりません。水が浮いていると、雨の日のサッカーのグラウンダーパスみたいに、ザブン！　ゴロゴロっといった具合で、ボールが前に進まないのです。

こういう状態になって、ゴルフ場をようやくクローズにします。私も、過去に2、3度クローズを体験しましたが、そういうときはお客さんが大挙してフロントの前に集まり、〝クローズ宣言〟を待ち構えております。そして、コース側が諦め顔で「本日、大雨のため、クローズとなりました」と言うや、「やった〜！」と歓声が上がります。このせめぎ合いが面白いんですよね。

ちなみに、意外とあっさりクローズとなるのが雪です。「おっ、雪が積もってきたなぁ。これじゃ、白いボールがどこに転がったかわからないじゃん」という程度でクローズになります。天気予報で降雪が続くとわかった段階で、お客さんはラウンドを諦めますし、コース側は開場を断念します。

アマチュアゴルファーとして生まれてきたからには、1回は〝クローズ体験〟に遭遇したほうがいいでしょ。「残念」と思う反面、どこかで「儲かった」とほくそ笑む自分がいますよ。

コースがクローズすると、妙に得した気分になる。

chapter 22

同伴ミニスカ女子をめぐる、オヤジと若者の補完関係

例えば、あなたが晴れて名門コースのメンバーになったとしましょう。かねてから思いを寄せていた女優の井川遥のような〝ゴルフとハイボールが似合う〟女性を連れて行き、彼女に倶楽部自慢をしたいと思うわけです。でも案外、それはダメなんです。ゴルフの倶楽部というのは、社会的にオープンで、オフィシャルな場所です。だから、いきなり見ず知らずの若い美人さんを連れていったら、もうキャディーさんの間で大騒ぎ。ゴルフどころではありません。

どうしても彼女を自分のコースに連れて行きたい人は、愛人用コースのメンバーになって、宿付きでしっぽりやるとか。そこまでやって、初めて成立するのが〝不倫ゴルフ〟なのです。

さて、ゴルフの〝オヤジ遊び〟と言えば、代表的なのはツアーです。プロもツアーをするなら、アマチュアもツアーをします。

ただ、アマチュアの〝オヤジ・ツアー〟はもうエグくて、ここでは詳細を綴れません。おおよそ、昼はおとなしくゴルフをして、夜はネオンきらめく繁華街で大暴れ、という構図ですね。

オヤジたちは、若いシロウト娘のゴルフへの勧誘もマメにやって、決して怠ることはありま

せん。ＳＮＳでサークルなどを作って、そこで若者を集めて結構楽しんでいるようですよ。

ただし、ＳＮＳによる人集めは、オヤジ自らがやると見苦しさが際立って、みなさん引いてしまいます。そこで、前途有望な若者を見つけ、その人にサークルの運営や幹事をさせて、自分は陰の世話人となっています。オヤジは名門コースの予約とか、料金の値引き交渉、あるいは取引先からくすねた景品を集めて提供するなど、活躍しているんですけどね。

若者とオヤジが仲良く楽しむのはなかなか難しいものですが……

ここで、オヤジ復権の狼煙《のろし》を上げるべく、ありがたい言葉が登場します。

「オヤジは芝目5割増し」の法則です。これは、ゴルフ場で出会ったオヤジは、落ち着きのあるプレーと、紳士的な振る舞いによって〝5割アップ〟素敵に見える、というものです。昔から、旅行中に出会った異性はロケーションがいいのでよく見えるからと「旅目5割増し」とか、カラフルなスキーウェアを着た女性がみんな〝原田知世（『私をスキーに連れてって』のヒロイン）〟に見えるからと「ゲレンデ5割増し」などと、言ったものです。

そんなわけで、若者の幹事とオヤジ、そしてイキのいい女性2人を交えてのラウンドとなったら、発展途上の若者とオヤジとは、見事なコントラストをなして「芝目5割増し」効果が炸裂するのです。

若者がマン振りしてボールを林の中に入れているのに対して、オヤジは軽く振ってフェアウエー。その後も、グリーン周りであくせくする若者を尻目に、2打目をグリーン手前に落として、そこから寄せワンのパー。いやぁ〜、実に渋いですねぇ〜。

これには、若い女性もオヤジを見直し始めます。グリーン上でのライン読みでも的確なアドバイスをしてあげれば、〝素敵なオジサマ〟という印象を植えつけることに成功するでしょう。

一方、オヤジのほうも「ミニスカ女子10割増し」の法則にやられっ放しです。タイトなミニスカで目の前を歩き回られ、ムチムチの太ももが脳裏から離れず、ノックアウト寸前です。無意識に「ボミちゃ〜ん♪」なんて、口走っていますから。そんなこんなで、若者を交えたラウンドは、オヤジにとっては「とても楽しく過ごせました！」という1日となります。

片や、叩いてばかりの若者幹事は、オヤジにイイトコを取られているように見えますが、アフターゴルフ以降は、往々にして若者のほうが有利になります。というのも、オヤジはゴルフをすると、夜7時以降、すぐに眠くなってパワーが半減してしまうからです。

若者は、オヤジが居眠りしている隙に、女の子にちょっかいを出します。かくして〝19番ホール〟の攻防は、オヤジは睡魔と闘いながら、若者とデッドヒートを展開するのです。

最終的に申せば、これは所詮ゴルフサークルでのお遊びですから、何回もチャンスは到来します。そういう意味では、男性陣はさほどガッツクことはありません。

逆に万が一、〝19番ホール〟でチップインバーディーを奪ったりしたら、むしろそれからが大変です。次回以降、毎回同じ女性をエスコートすることになって、新たな出会いは激減します。当然、別の女性をエスコートしたりすれば、揉めるのは必至ですし……。

何はともあれ、若者は幹事をやっている手前、プレーフィーの割引は当たり前。会費をうまく浮かせられれば、結構な小遣い稼ぎにもなります。つまり、ゴルフサークルの幹事である若者と、スポンサー的オヤジは、〝アリとアリマキ（アブラムシ）〟の関係。相互に補完しつつ、芝の上でのお遊びを満喫しているのです。

30代と50代のグループがいきなり出合うと、互いにけん制し合って仲良しになることはほとんどありません。けど、〝若さとパワー〟、そして〝社会的地位と老獪《ろうかい》さ〟を認め合えば、素晴らしいチームになることも。漫画『ドラゴンボール』にもあるでしょ、永遠のライバルである悟空とベジータとの合体技〝フュージョン〟は未曾有《みぞう》のパワーになると。

まあ、個人的には若い娘と〝フュージョン〟したいなぁ〜と思う今日この頃ですが……って、結局はそこですか!?

オヤジと若い女子は、ゴルフとキャバクラで補完しあう。ほんまかいな!?

chapter 23

ゴルフをすると「太る」という謎に迫る

最近、健康に目覚めて、近所の公園を軽くジョギングするようになったら、約3カ月で体重が3kg減って、ウエストも3センチほど絞られました。ベルトの穴1個分細くなって、ベストコンディションでゴルフをしております。

ゴルフの練習量は少ないのですが、走っているので体幹がしっかりしてきたのか、叩かなくなりました。いやぁ〜、スポーツの秋はコンペも多いし、ゴルフをしまくりますぞぉ〜。

そんな状況で、この前もコンペがあって、喜び勇んで参加してきました。それは、まあいいのですが、その夜、家に帰って風呂に入る際、ついでに体重計に乗ったら、びっくら仰天。「あれぇ〜、ゴルフをしてきたのに、普段より体重が1キロ増えてるじゃん」「ウエストもほんのり出ているかなぁ」なんて状態だったのです。

「なんでなの?」「ゴルフって、スポーツでしょ?」「しかも、丸1日体を動かすわけだし、体重が減ってもいいんじゃないか」——そう思って当然ですよね。なぜ体重が増えていたのか?

まず、その日の食生活を振り返ることにしました。朝、ゴルフ場に到着するや、ごはんものの定食を食べました。パンだと、お腹にたまらないんですよね。やっぱり、ごはんじゃないと力が入りません。それに「今から運動するから」と、がっつり食べます。

それは、朝のトイレにもつながるわけです。ものを食べれば、自ずと胃腸の動きが活発になり、便通も良好となりますから。そうして身も軽くなったら、さあ、ラウンド開始！ プレー中はさすがに間食などせず、ペットボトルのお茶だけ飲みます。

ゴルフに行くと、確かに太ることがあるんですよね……

しかし、昼のランチは普段肉類を食べない反動か、とんかつ定食とか、ステーキランチとか、重いものばっかり食べてしまいます。思えば、この日もそうでしたね。たまにバイキングなんてあると、プレートに料理を盛りすぎて、午後は腹パンパンで体が回りませんから……。

まあ、そんな具合で昼はちょっと食べすぎかと思いますが、でもまだ許容範囲。コンペはここからが本番です。

午後4時くらいから表彰式が始まり、そこでパーティーのセット料理をいただきます。前菜をチマチマ食べる分にはいいのですが、シメに焼きそばなんか出たりすると、もう止まりません。焼きそばはパーティーに出ない人がいるので、いつも余ってしまいます。残したら、失礼ですよね。「じゃあ、いただきます！」って、無茶苦茶な論理ですわ～。いやぁ～、満腹。これで1日3回、食事したことになるけど、「しっかり運動したから、どっこいどっこいでしょ」と思うわけです。

ところが、この考えが甘かった。その日の夜は、コンペの2次会と称して、飲み会にも参加。ゴルフ疲れなものだから、アルコールが回りまくります。ついでに、出されたシューマイとか、から揚げとか、ピザとか、こってり系にもガンガン手を出してしまいます……。

これで家に帰って体重を測ったら、そりゃ、増えてますわ。たとえ2次会がなくても、3食がっつり食べていますからね。ゴルフをした日は、太る構造になっているのです。

古代ローマのジュリアス・シーザーが、ゴルフをしたなら、きっとこう言うでしょう。

「肉をやめて、シーザーサラダを食べなさい」

ほんまかいな……（ちなみに、シーザーサラダはシーザーが好んだサラダという話は俗説です。本当は1924年、イタリア系移民のシーザーさんが考案したそうです）。

うすうす「ゴルフは太る」説には気づいておりました。誰とは言えませんが、ふくよかな女子プロもおりますし、男子プロにもがっちりしている選手はたくさんいます。ゴルフは、体重を乗せる打ち方があり、体重があるとそれだけ飛ぶ、という考えが根強いです。ひょろっとしていると、「大丈夫？　飛ぶの？」って心配されますから。

太っているほうが飛ぶという思想が強い昨今、アマチュアなら、なおさら助長されます。ラウンド後、ストレッチじゃなく、肉を食うほうがアマチュアらしいと言えば、それまでですが。

冷静にゴルフのラウンドを見ると、最近は乗用カートの導入で、ほとんど歩きませんよね。

かつて、クラブ競技に出ていた頃は、1日で7〜8キロは歩いたでしょうか。しかも丘陵で、アップダウンもあり、夏場じゃなくても汗だくでした。

今、ゴルフをやる方でやせたいと思うなら、ラウンド中は歩くほうがいいです。車の運転もあるので、「疲れたくない」という方は仕方がありません。別な日にダイエットをしましょう。

とにかく、ゴルフでダイエットを考えるのは、どうかと思います。ダイエットしたいなら、ほんのり汗をかく程度の、軽めのジョギングでいいですから、それを週2〜3回やってみてはいかがでしょうか。それも無理なら、通勤や帰宅の際に、ひと駅前で降りて歩いてみるとか。

そういうことをやって、体重を減らしましょう。

いいですか、メンズで通常のウエストの上限は、92センチです。私は96センチまで増えて、ゆるゆるのカーゴパンツばかりはいていました。今は、なんとか92センチを切りましたが……。

というわけで、目指すは「ゴルフも、ウエストも、80台を出す」です。

これが、アマチュアゴルファーの最終目標です。ぜひ、がんばりましょう！

ゴルフコンペは、パーティーもあるから、1日4食になる。

chapter 24

まだ生き残っていた「ゴルコン」の実態を探る

日頃、ゴルフとうら若き女性との素敵な関係を妄想することはありますが、日本で若くてきれいな女性がゴルフをするのは、サマンサタバサレディース（例年7月、茨城県のイーグルポイントGCで行なわれる女子プロツアーのひとつ。プロアマにモデルの女性が多数参加し、当日にはファッションショーもある、派手なトーナメント）くらいですか。

通常、ゴルフ場に若い女性が少ないのは、周知の事実。だいたい、ミニスカート着用禁止のコースがいまだ存在していますからね。爺さんがミニスカ見て、鼻血を出すんですか？　って話ですよ。私が支配人なら、「ミニスカートでプレーの方、プレー代3000円割引」とかにしますけど。

冗談はさておき、数少ない女性ゴルファーと、やたら多い野郎ゴルファーを、どうやってマッチングさせるべきか――昔からいろいろなテがありました。

バブル全盛の頃は、「ゴルコン」というイベントが花盛りで、男女が数十人集まって、ゴルフ場でコンパをしたもんです。その昔、『ねるとん紅鯨団』という合コン&告白番組があって、そこら辺から「ゴルフ場で〝ねるとん〟をやれば、楽しいんじゃないか」なんて、発想で始まったんでしょう。

私も何度か「ゴルコン」の取材に行きました。確かに楽しいのですが、案外面倒臭いんですよ。早起きして、遠方のゴルフ場に行くわけですが、誰もゴルフに夢中じゃないし……って、当たり前ですがね。だったら、ゴルフ場でやらなくてもいいじゃんと、思ったものです。

宇都宮ではいまだ盛んに行なわれているという「ゴルコン」。機会があれば参加してみたいものです

というわけで、ゴルフ場での「ゴルコン」は、あっという間にすたれてしまいましたが、「ゴルコン」そのものはしっかりと存在しています。会場は都内のシミュレーションゴルフ場です。主催するのは、結婚相談関係の会社で、そのひとつのイベントとして人気なのです。

参加者の年の頃はと言えば、男女とも30代が圧倒的に多い。結婚にマジというか、焦っている世代です。でも、焦っている方々に、婚活パーティーという触れ込みだと、モロ直球過ぎて誰も来ない。そこで、「ゴルコン」という、結婚とまったく関係ないネーミングにして、さりげなく来てもらおうという作戦に出たのです。

実際、行ったことがあるんですが、建前のゴルフはおざなりですね。マイドライバー持って来た人がいましたが、完全に浮いていました。チームに分かれて、シミュレーションゴルフでスコアを競うのですが、途中からゴルフそっちのけで、メアド交換会を始めていますから。

この世代は、非常に自意識過剰とでもいうのですか？　行動にいちいち理由づけしないと、できないようです。積極的な方は、早々に2次会の段取りをしていますが、奥手な方は、主催者が「最後になりました、お隣さんとメアド交換してください」と懸命にアピールして、ようやくスマホを取り出す、そういう人もいるんです。

というわけで「ゴルコン」は、婚活の〝隠れ蓑〟として、ささやかに都内に生息していたのです。じゃあ、本当の「ゴルコン」はすたれたのか？　いや、実は「街コン」のひとつの形態で発展していたんですね。

ここ5年で急激に増えて、すたれた「街コン」ですが、最初に始まったのは、栃木県の宇都宮って知っていました？　宇都宮では、今でも年70回ぐらい『宮コン』という名前で「街コン」が超盛り上がって、外部からも参加者が続々集まって来ます。ここはノウハウが確立していて、リピート率も高く、いまだにすたれていません。

その『宮コン』の延長戦として、ゴルフをやりながら『宮コン』をするべぇと、たまに「ゴルコン」をやっているようです。今度機会があったら参加したいんですが、年齢制限あるのかなぁ……。

そして、「ゴルコン」の発展形がもうひとつ。実は世田谷の家の近所を散歩していたら、ゴルファー向けのシェアハウスを発見。それで早速、別媒体ですが、取材したことがあるんです。専用のバンカーや、シミュレーションゴルフが完備。ゴルフ場に行くための自動車も、リースで即乗車可能と、なんとも至れり尽くせりですね。もし恋人を見つけて、仲良くゴルフができたら、〝リア充〟そのものですよ。でも逆に、なんにも生まれないと、素振りの日々ですかね……。

ちなみに、シェアハウスの平均滞在期間は、1年未満が多いそうです。つまり、〝戦い〟に敗れたり、何事も起きなかったりした方々は、また別なところを探すようです。

ゴルフのシングルはいいけど、生活におけるシングルは、どうしたものか……。ゴルフと恋愛の関係は、なかなかどうして、厳しいようですね。

ゴルフで男女交際をするのは、相当難しい。

chapter 25

ラウンドをさらに盛り上げるゴルフの「お遊び」

ゴルフを盛り上げるには、一緒にラウンドする仲間たちとゲームをするのが一番です。そのとき、金品を賭けるのはいけませんが、〝賭け〟そのものは、ケースバイケースです。つまり、賭博性の強い〝賭け〟と、実力勝負の〝ニギリ〟は、やや違うと理解しております。

刑法185条の賭博罪では、こう規定されています。

「賭博をした者は、50万円以下の罰金、または科料に処する」

ただし、これには但し書きがあります。

「一時の娯楽に供する物を賭けたにとどまるときは、この限りではない」

これは、昼メシやドリンク程度の賭けは、おとがめないということでしょうか。

そんなわけで、今回はゴルフにおける、さまざまな〝お遊び〟の方法を紹介します。もしよかったら、エンジョイ・ゴルフライフの参考にしてみてください。

◆ハーフ・ナッソー

最もポピュラーな、プレーヤー同士による〝ニギリ〟のお遊びです。勝負は普通にスコアを競うものですが、前半のハーフでひと勝負、後半のハーフでひと勝負、そして最後にトータルのスコアによる勝負という、3回戦制です。これなら、前半で負けても、後半に奮起すれば引き分けになります。しかも勢いがつけば、トータルで勝てる可能性も膨らんで、逆転勝利もあるという非常に人気の高い遊び方です。ちなみに「ナッソー」の意味ですが、1900年、ニューヨークにあるナッソー・カントリークラブのクラブキャプテン、タッパンさんという人が考案したからなんだとか。

たくさんご馳走するはめになる「お遊び」はほどほどにしましょう……

◆タテ・ヨコ

これも、″ニギリ″の基本です。タテは、ハーフのストローク勝負で競います。ヨコは、ハーフのマッチプレー勝負で、1番ホールから勝ち、負け、引き分けを競います。ヨコはマッチプレーですから、1ホール大叩きしても挽回できます。けど、負けるときは、大概タテ・ヨコ両方とも負けることが多いです。両方ニギルと、晩飯代では収拾がつかないほど、負けが膨らむことも……。初心者は、どちらか一方を選んだほうがいいです。

◆オリンピック

「金・銀・銅」とも言われるお遊びで、パッティングの勝負となります。グリーンにボールが乗ったあと、最も遠い場所からカップインした人が金メダル、2番目に遠かった人が銀メダル、以下、3番目が銅メダル、4番目が鉄メダルの受賞となります。

通常は、金メダルが4ポイントで、以下、銀が3ポイント、銅が2ポイント、鉄が1ポイント。グリーンの外からカップインした場合は「ダイヤモンド」と言って5ポイントとなります。そしてラウンド終了後、各ホールのポイントを集計して、順位づけや勝ち負けなどを決めます。

◆おともだち

これは、ティーショットを打ったあと、飛んだボールの位置の近い者同士が仲間となって、ホールごとでダブルスを組んでスコアを競うゲームです。

例えばパー4のホールで、私と私の近くにいた仲間がともにパーで上がった場合、そのホールの得点は「44点」となります。相手側のふたりがともにボギーなら「55点」となって、その点差がポイントとなります。つまり、スコアの少ない我々が「11点」の勝ちとなります。

もし相手側のふたりがダブルボギーとボギーなら、少ないスコアのほうを10の位につけて「56点」。私たちのチームが、それぞれ「12点」のプラスとなります。

だから、いつもパーを取ってくれるような上手い人と組むことができるかどうかが、勝負の行方を左右するカギとなります。が、ティーショットを打ち終わるまで、毎回誰とおともだちになるかわかりません。そこが面白いところです。

◆ポイントターニー

これは、バーディーが4点、パーが3点、ボギーが2点、それ以上はすべて1点として、総合得点を競うものです。

ダブルボギー以上は、トリプルを叩いても、10を叩いても1点という計算で、大叩きした人に優しいルールです。マイナスがないから、精神的にはリラックスしてゲームを楽しめます。

◆オネストジョン

自分のスコアを当てるゲームです。コンペのサブゲーム的な扱いでやると、結構盛り上がります。例えば、自分のスコアを「92」と予想します。そして、上がってきたスコアが「94」だったとしたら、その差となる「2点」がポイントとなります。ポイントは少ないほどよく、予想スコアどおりで上がってくれば「0点」で、その人の優勝となります。

最初に「100」と予想して、最終ホールで7パットなどしてスコアを調整するような、姑息なマネはしないでくださいね。あくまでも、潔く、ベストを尽くす、というゲームですから。

みなさん、楽しめそうなゲームはありましたか？　ここに挙げた〝お遊び〟はあくまでも場を盛り上げるための、良識あるゲームですから、その点はお忘れなく。

ゴルフはニギるから、活況になったのです。

chapter 26

ゴルファー憧れの舞台も「名門コースはつらいよ」

ゴルファー憧れの〝名門コース〟ですが、外から見ているのと、中から見たのでは、実情が違います。名門ゴルフ倶楽部って、そんなところ?　というお話をしたいと思います。

（1）名門は歩きのラウンドが多い

1000万円以上ものお金を出して、名門コースの会員になったのはいいが、なんと歩きのラウンドで「当コースにはプレーヤーの乗用カートは置いていません」だと。マジですか!?こんな名門倶楽部、実は多いです。何でこうなったかというと、名門＝ブリティッシュ志向なんです。英国のゴルフは、歩きが基本。名門は歴史が古く、英国の影響を色濃く受けています。そもそも乗用カートは、アメリカ人が流行らせたもの。日本は英米の両方から影響を受けて、名門コースは英国派、庶民はアメリカンって感じでしょうか。

名門コースは年寄りが多いのに歩きって、矛盾している気がするんですけどねぇ……。

（2）名門は服装にうるさすぎ

知り合いのシングルプレーヤーでお金持ちがいるのですが、その人がプレーするのは、庶民的なコースばっかりです。それでこちらが、「お金があるんだから、名門コースに入れば」と言うや、その人は「あ〜いうところは、うるさいから嫌」ときっぱり。

何がうるさいかというと、まず服装ですね。革靴、ジャケット着用は当たり前。短パンをはくときは、ショートソックス禁止が多いです。何で、ですかねぇ〜? 日本の男子ツアーでも、キャディーは短パン&ショートソックスOKですよ。中途半端に長いソックスをはいてラウンドすると、日焼けの跡がカッコ悪いです。

名門コースでプレーするのはいろいろと大変そうですね……

あと、サイドポケットのあるパンツでラウンドしてもいけません。これの根拠がわかりません。今はスマホ世代ですからサイドポケットがあると、そうした小物を入れたりできてすごく便利なんですけど……。そして笑うのは、アーミーパンツや迷彩柄のパンツは軍隊を想起させるからダメっていう話。考えすぎじゃないですかね。

この服装に厳しいのも、英国譲りの風潮です。アメリカのリゾート地で、長いズボンをはいてプレーしてみてくださいよ。「おまえ、足をケガしているのか?」って言われますから。

(3)名門倶楽部は派閥が多く、わがままな人が多い

某名門コースで、レストランで怒鳴り合っているのを見たことがあります。「マナーがなっておらん」とか、でしたが、怒鳴っていることが、マナー違反だと思うんですけど……。

名門コースのメンバーさんは、社会じゃ成功した人物で、わがままです。そのわがままばかりがメンバーですから、コース内はもはや〝日本わがまま博覧会〟状態になっています。

加えて、親睦団体みたいな、ゴルフサークルを結成していることが多いです。朝のレストランの座る位置まで決まっていて、『イーグル会』は窓側で、『バーディー会』は入口付近を占拠、みたいなことが実際に行なわれております。そういう親睦団体は、月例などをまとめて予約できる特権があります。しかも、8時台のオイシイ時間帯にね。

さらに、その団体から倶楽部代表を何人出したとか、争っているわけです。そういう〝倶楽部ごっこ〟が楽しいと思う方は、ぜひ入会してみてください。

(4)名門はあくまで気高く

私の知り合いが某名門コースに入会したくて、紹介状を書ける人を探しました。そうしたら、関連会社の役員がたまたま同じ倶楽部のメンバーだったので、紹介状を書いてもらうことに。ただ、その役員の方を直接には知らないので、知り合いの知り合いに頼んでお願いしたら、「直接知り合いじゃないので、紹介できません」と返事がきて、私の知り合いは無茶苦茶頭にきた

そうです。まあ、本来の紹介というのは、そういうものなんですが……。

私が某コースのメンバーになったときは、会員権業者に手数料3万円を渡して探してもらい、見ず知らずの人が紹介状を書いてくれました。相手はいいバイトですよね。普通はこうなんですが、名門となると話は別なんですね。紹介状を書くにも、直接知らないとダメとは……。

（5）名門倶楽部vs芸能人&著名人

というわけで、プライドの高い名門倶楽部の理事会と、わがままの〝王様〟大物芸能人&著名人との戦いが、名門では見モノです。実は、多くの著名人が理事会ともめて、喧嘩したり、除名になったりしています。

ある大物有名司会者は、メンバーデーの際にビジターの奥さんを同伴してプレーをしようとしたそうです。それについては、倶楽部側も例外として渋々認めたのですが、特別にプレーさせてあげたにもかかわらず、その大物司会者は「進行が悪い」とかいろいろと文句をつけてきたとか。結局、倶楽部側ともめて、大物司会者は出入り禁止になったみたいです。

そんなこんな、名門コースにおける著名人の武勇伝は数知れず、です。

まあ、そういうわけですから、名門倶楽部に入る方はお金が有り余っているマゾヒスト、そんな方が向いているかもしれませんね。

わがまま社長が、名門倶楽部で、なぜ窮屈な思いをする？　謎だ。

第4部

流行りもの&ニュース

chapter 27

藤井聡太五段に続け。中学生プロゴルファー待望論

最近、プロの世界における中学生の活躍が目覚ましいですよね。卓球の張本智和選手とか、将棋界の藤井聡太五段とか。やっぱり、何事も3歳ぐらいから始めて、泣きながら素振りをさせるべきですかね……って、それは卓球の福原愛ちゃんじゃないですか。

というわけで、日本のゴルフ界にも中学生プロが登場してもいいのではないか。そんなことを、さまざまな角度から考えてみたいと思います。

（1）中学生養成施設の創設

卓球で中学生選手が活躍できるのは、オリンピックの強化指定選手になり、充実した施設、環境の中で、卓球漬けの毎日を送っているからでしょう。

JOCエリートアカデミーという国家プロジェクトがあり、選ばれたスポーツ選手が24時間体制で練習しているのです。そうした合宿所から、学校や試合などにも行ったりするわけですから、そりゃ効果的にエクササイズできますし、さらなるレベルアップも図れますよね。

そこに、ゴルフの選手はいるのか？　というと、残念ながらいません。ゴルフは体育館でで

きる類《たぐい》のスポーツじゃないですから。同様の施設を造るにしても都心では厳しいでしょうから、郊外というか、どこかの地方でやってもらうしかないかもしれませんね。

そう考えると、東北福祉大ゴルフ部の、近くに練習施設が整った寮生活は非常に効率がいいと言えるのではないでしょうか。

幼少期からの英才教育をやってくれるようなところはないですかね……

日本にもゴルフ場に併設された合宿所と学校があれば、効率よく学んで、練習もできると思うんですよね。ＪＯＣ主導でも、民間主導でもいいので、誰かやってもらえないでしょうか。

小学校６年生で選抜試験を受けて、中学３年間は合宿生活でゴルフ漬け。そうしたら、中学生プロが誕生してもおかしくないと思います。

（２）世界的な視野で見た育成

もちろん現状でも、中学生プロゴルファー誕生の可能性は大いにあります。宮里藍選手、石川遼選手は、すでに高校生でツアー優勝を飾っているわけですから。石川選手なんて、中学校を卒業して高校に入学したばかりの５月に勝利。ジュニアゴルファーが増えていることを考えれば、近い将来、中学生プロが登場してもおかしくありません。ただ、日本で中学生プロが誕生しても、その選手が海外で活躍できるかどうかは疑問です。男子に限れば、ドライバーの飛距離が300ヤード以上は飛ばないと話になりません。技術もさることながら、体作りをしっかりやらないと、海外ではまず勝てないでしょう。

日本人が海外で勝てない要因のひとつは、基礎体力と筋力のなさです。松山英樹選手が勝てるのは、それらを持ち合わせているからです。短いミドルホールをワンオンできるドライバーの飛距離や、グリーン上にピタッとボールを止められるアイアンの高い弾道などは、その賜物です。正確なパッティングもしかりでしょう。

さて、そんな海外での活躍を見据えた育成環境は整えられているのか。はたまた、どうやったら国際基準の選手を育てることができるのか。

もはや、高校のゴルフ部の合宿はワールドクラスのコースで行なうべきです。総距離にして7400ヤード、500ヤードのミドルホールを備えたコースを作って、そこでトーナメントに近い環境でラウンドしたほうがいいでしょう。

（3）海外留学制度の実現

高校の合宿ゴルフすら実現できていないのに、中学校の合宿ゴルフなんて遠い話です。だったら、成績優秀者を海外に留学させる手もあります。テニスの錦織圭選手の活躍の陰に、ソニー創業一族のスカラシップ（奨学金＝盛田ファンド）があったのは有名な話ですよね。それによって、錦織選手は13歳から18歳までアメリカのＩＭＧアカデミーに留学しますが、留学中も毎年厳しいクリア基準があって、その審査を通らないと翌年滞在できないというものだったそうです。奨学金の詳細はともかく、強い選手、才能のある選手は早くからアメリカに留学させて、本場レベルの実力を養わないと。ソフトバンクとか、楽天とか、儲かっている企業で、そうしたプロ選手の育成サポート事業などをやってもらうことはできないのでしょうか……。

（４）体格のいい野球選手の勧誘

日本最強のゴルファーと言えば、ジャンボこと、尾崎将司選手です。そのジャンボさん、昔はプロ野球の選手だって知っていました？　だから、昔から野球とゴルフの選手は仲がいいんですよ。相性もバッチリで、多くのプロ野球選手がゴルフをたしなみます。

で、具体的にはどうするのか。強豪中学校の野球部に所属していて、将来を嘱望されながら肩やヒジのケガをしてしまった選手とか、味方のエラーで負けて野球がイヤになってしまったピッチャーとか、そういう子たちにゴルフを勧めてみるのはどうでしょうか。

だって、日本人選手が海外で勝てないのは、小柄な人が多いからです。最初からパワーのある子を探すって、あながち間違いじゃないと思うんですけど、いかがでしょうか？

野球関係者からプロゴルファーを育成。ジャンボ尾崎の再来を期待!?

chapter 28

アマに飛ぶドライバーを。ゴルフ総本山の規定に物申す

ゴルフで大事なことは、ルールを守ってプレーすることです。

そして、ルールと同様に守らなければいけないのがレギュレーション。すなわち、規定です。クラブの寸法やボールの大きさなど、細則が定められています。ギアやボールはその基準に照らし合わせて製作されるのです。

レギュレーションで一番有名なのは、反発規制ルール（SLEルール）です。

クラブの進化によって、ゴルフの飛距離はどんどん伸びていきました。おかげで、コースの距離を毎年延ばしていかないと国際試合ができないから、規制をもうける動きが10年以上前に起こりました。結果、プロアマ問わず、飛ばないクラブを使用することになったのです。

反発規制ルールとは、ドライバーヘッドにボールが当たったときの反発具合を数値化し、上限を定めたものです。公式試合では基準をクリアしたクラブのみ、使用が許されています。

ところが最近、クラブメーカーの技術革新がめざましく、スイートスポット以外に当たっても飛ぶようにして、ミスをナイスショットに変えるとか、涙ぐましい努力をしています。

それにより、プロの世界ではバッバ・ワトソン（39歳／アメリカ）みたいな350ヤードヒ

ッターが続々と登場するに至っています。もちろん、バッバ・ワトソンが使用しているのも飛ばない低反発ドライバーです。結局、クラブを規制しても結構飛んでしまうので、今度はボールを飛ばなくしよう、なんて意見も出ています。

R&A（全英ゴルフ協会）、USGA（全米ゴルフ協会）などの組織は〝飛ばない〟ギアを使うように指示し、メーカーは規制に従いつつも〝飛ぶ〟ギアを作り出す——昨今は、そんな双方のせめぎ合いとなっています。

“飛ばない”アマチュアは高反発クラブを使ってもいいと思うんですけどね……

こうした状況のなか、2016年ある出来事が起きました。プロギアの『RS－Fドライバー』が一度はルール適合の認定を受けたにもかかわらず、再度の検査で不適合な部分が見つかり、ルール以上に飛ぶという理由で、適合リストから除外されました。

これは、「はい、そうですか」で済む話ではありません。このクラブは有名プロも使用しており、それが一時的に使えなくなってしまったんですから。

最終的にはルール適合の製品を作り直して、再検査の結果、無事に合格となったのですが、最初に作った製品は一斉回収ですからね。損害は甚大です。

なんでプロギアの製品がこうなったのかは謎です。噂の域を超えませんが、お上から目をつけられていた、という話がまことしやかに流れています。

プロギアは、非常に優秀で革新的なメーカーという評判があります。自分も『ZOOM』時代からプロギアのクラブを使用しています。

最近の革新的な製品と言えば、ルール不適合、すなわち高反発クラブの販売でしょう。

しかしこれは、R&Aから見れば、反発係数を無視した暴挙とも取れますよね。江戸時代なら、シーボルトが日本地図を海外に持ち出すぐらいの重大な規約違反になる、そう見えたかもです。

実際、その高反発クラブを試打しましたが、従来品よりも平均で10ヤード弱飛んだ、というデータが出ました。R&Aからすれば、いくらアマチュアゴルファー向けの販売とはいえ、面白くないでしょう。「堂々とルール不適合クラブを売るって、ケンカ売ってんのか!?」ってね。

加えて、そのドライバーのキャッチコピーが「ぎりぎりの反発係数」だし。そんなところにも、カチンときたのかもしれません。そういう出来事を踏まえると、トッププロと〝飛ばない〟アマチュアが同じ規定のドライバーを打つことに対しての、違和感はありますよね。

トッププロが使用するドライバーは、市販品とはまったく違う特別製ですからね。人間が振り回すものとは到底思えません。以前、御殿場にタイガー・ウッズとデビッド・デュバルが来たとき、彼らが使うクラブに触れてみましたが、まるで斧のようでしたよ。

また、昔ジャンボ尾崎さんのドライバーが売り出されたとき、飛ばし屋仕様のハードな仕上がりで、使いこなせるアマチュアは限られていました。私のような非力野郎には、尾崎兄弟の三男・尾崎直道プロの『ジョーモデル』のほうがまだ楽に振れたかな、という感想です。

プロとアマのギアは、反発係数だけが一緒で、あとは別物って感じです。いっそのことギアに関してはプロ用とアマ用と分ければいいんじゃないですかね。クラブメーカーだって、アマチュアに売ってなんぼでしょ。トッププロが使うのは、イメージ戦略ですし。

アマチュアのクラブ競技でも、ハンデ戦（月例や理事長杯など）は高反発ドライバーを使用可にして、スクラッチ競技（クラブチャンピオン選手権やスクラッチ選手権）はルール適合クラブで臨む、とかにすればいいんですよ。私は、高反発クラブを使ってR&Aから除名されても結構です！（……って、R&Aにはもともと入っておらんがな）

偉大なるマハトマ・ガンジーは、大英帝国の圧政を打破するために、英国の専売制だった塩をみんなで作って〝塩の行進〟を起こして対抗しました。

今まさに、我々も高反発ドライバーを使って、大英帝国の規則を打ち破ろうではありませんか！（なんかちょっと、大袈裟な気がしないでもないですが……）

ゴルフクラブは、アマチュアに売れてなんぼの世界です。

chapter 29

パー4の最大スコアは「8」。人に優しいルール改正を

かねてより、ゴルフのルールは難しすぎると思っていたのですが、ゴルフの総本山であるR&A（全英ゴルフ協会）とUSGA（全米ゴルフ協会）が、2019年のルール改正に向けて、ゴルフルールの簡略化に乗り出しました。

ゴルフのルールは、R&Aで決められたものがJGA（日本ゴルフ協会）を通じて、我々のもとに送り届けられます。ですから、建前で言えば、世界のトップアスリートらと同じルールで、我々も競技を堪能できているのです。

でもそれって、逆にしんどくないですか？

確かに、そうです。だからその代わりに、アマチュアゴルファーはレギュラーティーから短い距離を打っていい、という恩恵があります。さらに、ハンディキャップ制度があって、それで「アマチュアはうまい人との差を解消できる」ということです。

じゃあ、なんで誰でも分け隔てなく、プレーそのものは同じルールでやろうとするのか？　きれいごとを言えば、フェアプレー&平等の精神ですね。

そもそもゴルフの黎明期はアマチュアしかいませんから、あらゆることがアマチュア主導で

進化してきました。大きな試合も、最初はアマチュアばかりで、そこにプロが加わって、最初のうちはプロとアマが混在して競い合っていました。

そこで、一緒にプレーできるのなら、ルールを分ける必要性がないと思ったのでしょう。

本音を言うと、英国伝統の「ベット」が盛んだからですよね。賭けゴルフ発祥の国ですから、プレーヤー同士は、同じルールの上で戦ってこそ、〝ニギリ〟を堂々とふんだくれるわけです。

厳しいことばかりではなく、楽しくラウンドできるのが一番なんですけどね……

ともあれ、R&Aがルールを簡単にするなら、我々もひと足お先にルールを見直してみましょうか。

そんなことができるんですか？　という方がいますが、「プライベートルール」ということにすれば、十分可能です。

だいたい「OKパット」なんて、正式なルールじゃありませんよね。正式にあるのは、マッチプレーのときのコンシード（※相手の次のストロークをカップインと認めること）ですから。

各ゴルフ場が決めているローカルルールもあります。例えば、池ポチャした場合は前進4打とか、今日は雨あがりなので「スルーザグリーンはオール6インチリプレース」でやってくださいとかですね。そういうのを事前にチェックしておけば、楽にラウンドすることができます。

加えて、コンペなどでは幹事さんと協議して「ＯＫパットはワングリップよりちょっと長めでもいい」とか、そういうのもプライベートルールとしてプレーするのは可能です。

細かいルールはさておき、一番重要なのは〝最大スコア〟を認定するかどうかです。これは、今度のルール改正に向けても議論されていますから、何かしらの答えが出てくると思います。

Ｒ＆Ａが最大スコアを認めるなら、我々もコンペのときなどは、最大スコアを決めてラウンドしましょう。気の早い方は、今年からやり始めてもいいと思いますよ。

では、最大スコアはどうやって決めましょうか。おそらく、一番決めやすいのは、最大スコアを各ホールのパーの倍にすることでしょう。すなわち、ショートホールは最大「6」。ロングホールは最大「10」とすること。これぐらいが妥当じゃないですか。だって、「10」以上叩くと、ゴルフに対してやる気が起きませんから。

他、すべてトリプルボギーまで、というのも考えられるでしょう。ただこれは、非常にありがたいですが、ビギナーが多い場合はみんなが同じスコアになる場合もあります。とあるコンペを開催したら、参加者が下手すぎて全員同じスコアになった、なんて結構笑えます。

あと〝最大パット〟というルールもありですね。

アイゼンハワー大統領が好んで使っていた「アイゼンハワールール」は、グリーンに乗ったら全部2パットにする、というものでした。それは、アイゼンハワー大統領が心臓病を患っていて、パットを決めたり、外したりしたときに、その精神的な衝撃が心臓の負担になるため、主治医と相談してパットをしないように決めたんだとか。

これは、ちょっと極端な話ですが、最大パット数を3〜4ぐらいにするのはありですよ。それ以上は数えない。

やっとこグリーンに乗って、あとはパターのみと思って心安らいでいたら、そこから大叩き!? なんてよくあることです。これも、最大パットが決まっていれば、救える話ですよね。

ルールを変えて、スコアを叩かなくなったら、今度はコース内の所作です。これも2019年のルール改正でだいぶ変わりそうですから、その行方もしっかり見届けたいと思います。例えば、ボール探しの時間短縮とか、打つ順番は準備ができた人からなど、結構踏み込んだルール改正もあるようですし。今後はそうなる予定（?）なので、しばし待ちましょう。

ゴルフは、やはりレジャー的要素が強いので、とにかく楽しいラウンドをしないと始まりません。ルールに対して非常に厳しい方とラウンドして、「もう二度とゴルフはやりたくない」と語る方もいます。

ルールが変われば、それも解消するでしょう。だって、ルール自体が簡単になるのですから。

2019年のルール改正が楽しみな、今日このごろ。

chapter 30

北海道でゴルフ。この楽しみを知らずして死ぬな

我々ゴルフを楽しむ者にとって、旅行とは、イコール、ゴルフとなります。ですから、温泉に行こうが、リゾート地に行こうが、海外に行こうが、ゴルフをしたついでに観光ということになり、すべての行動の規範はゴルフに左右されます。

つまり、「人生とは旅。旅とは、すなわちゴルフ」なのです。

振り返ってみれば、過去20年、取材や旅行で遠くへ行ったときも、ゴルフをしていました。アメリカ・オーランドのディズニーワールドに行ったときでさえ、ゴルフをやっていましたから。あのときは、ミッキーマウスの顔の形をしたバンカーに入れて、でかい耳の部分から、なかなかボールが出なくて苦労しました。「ドラえもんのバンカーだったら、耳がなかったのに……」と悔やんだものです（ホンマかいな……）。

そんなわけで、今回は国内の激安ツアーについて、ちょっとお話ししたいと思います。

ゴールデンウィークの直前、毎年北海道のゴルフツアーに参加しますが、このパック料金が、驚きの3万円台なのです。ツアー代に含まれるものは、往復の飛行機代、ホテル代、ゴルフ場への送迎代、ゴルフのグリーンフィ（コースの使用料。※なお、カートフィ、キャディフィ、

利用税などは別途）２プレー分となります。

３万円台なら、週末の小金井カントリー倶楽部（東京都）とか、戸塚カントリー倶楽部（神奈川県）あたりでプレーする、ビジターフィと一緒です。だったら、北海道に行ったほうが、全然楽しいですし、２ラウンドできますから、満足感も違います。

昼も夜も楽しくて仕方がない北海道のゴルフ。メインはどっちなんでしょうねぇ……

激安のカラクリですが、まずゴールデンウィークの直前は、休みの谷間なので、案外安いのです。２０１５年は、５月１日出発で、翌日が土曜日だったために、総額４万２０００円と３万円台で収まりませんでしたけど……。

料金の内訳をざっと計算しますと、おそらく飛行機代がツアー団体割引価格で、片道８０００円～１万円程度じゃないですか。そして、ホテル代（１泊）が７０００円～８０００円。ゴルフのグリーンフィも、３０００円～４０００円くらいなので、これで計算が合います。

じゃあ、送迎代は？　というと、これは実はゴルフ場の送迎バスを使うので、ゴルフ場からしてみれば、サービスという考え方で、お金は取っていません。今年は8人で行って、たまたまバスは貸切りでしたが、ツアーですから、通常は他の団体客が乗ってくることもあります。

ツアーの価格設定は、曜日やシーズンによって違いますが、ゴルフ場の選択によっても違ってきます。名門だと、やや高めになります。そうは言っても、以前は名門の桂ゴルフ倶楽部（北海道）などにも行きましたから、特別高額ではありません。

桂GCと言えば、キャスターの小●智●さんがメンバーだったのには、びっくりしました。だって、「カツラ疑惑の小●さんが桂のメンバーなんて、なんで?」と思ったわけです。「まさか、カミングアウトか!?」って、苦笑しましたよ。偶然の一致って怖いですね（って、どこが一致なんだか……）。

話が横道に逸れてしまいましたが、北海道のコースは、どこも広くて雄大で、そんなにハズレはないです。だから、別に名門じゃなくても十分に楽しめます。

しかも、夜は札幌に泊まることが、ほぼ〝お約束〟になっています。

今年は、2日間とも苫小牧のコースでしたが、朝、飛行機に乗って、新千歳空港に到着後、11時頃から苫小牧でプレー。ラウンド後は、クラブバスで札幌まで送ってもらって、お泊まりします。そして翌朝、またクラブバスが札幌まで迎えに来てくれて苫小牧へ。札幌から苫小牧って、結構な距離がありますよ。でも、せっかく北海道まで来たんだから、やっぱり札幌には行きたいわけです。

「ナポリを見ずして死ぬな」という名言がありますが、ゴルファーなら「ススキノで遊ばずして、北海道に行くな」といった感じでしょうか。それほど、札幌ススキノのネオン街は楽しいのです。

まず、食事はどこで食べても美味い。みんなで30分くらい歩いて店を吟味して、たどり着いたのが「根室食堂」。「チェーン店やないか！」って叱られそうですが、でも美味いからそれでいいんです。さらに、夜の歓楽街は多種多様の〝お遊び〟パターンがあって、実にエキサイティング！ です。

そういえば、このツアー、女性が一度も参加してないんですけど、今、ようやくその意味がわかりました（って遅すぎやないけ！）。

北海道ゴルフでは、ススキノカントリーの19番が、楽しみ。

chapter 31

身軽に楽しむ「ハーフ&ハーフ・ゴルフ」のススメ

いきなり「ハーフ&ハーフ」でゴルフと言われても、みなさん戸惑いますよね。これって、ハーフ&ハーフのピザを、ケータリングで14番ホールのお茶屋まで持ってきてくださいとか、そんなことじゃないですよ。

ハーフ&ハーフとは、「ハーフセットでハーフラウンドをする」ということです。すなわち、ゴルフのダウンサイジングなり。こぢんまりと気軽にゴルフをすることで、もっと生活が豊かになります、と提案したいのです。

きっかけはありました。2016年の春頃、ゴルフ雑誌の企画でクラブをたった2本しか使わないラウンドに挑戦したのです。一応、イベントだったので試合形式で臨み、使用クラブはパターが1本、あとはロフト27度のユーティリティー、それだけです。

パー36の9ホールを回って、なんと「46」を達成! 全参加者中、3位の成績を収めました。たまたま打ったショットが狙いどおりにいってくれただけですけど、かなりうれしかったです。だってハーフ「46」って、普通に14本のクラブを使って出すスコアですよ。調子が悪かったら、14本使っても「50」叩くこともありますから。

バンカーも、アプローチも、全部27度のユーティリティーのみ。その分、クラブ選択には悩みませんでしたけどね。あと、キャディーバッグがいらない、というのもいいですね。２本だけ持ってぶらぶら歩けばいいのですから。

というわけで、今回はゴルフのダウンサイジングをどこまでやれるかを探ってみます。

日常の中で、もっと気楽にゴルフを楽しみませんか？

なぜこの話をするかというと、最近のアマチュアゴルファーは、プロが使うようなバカでかいキャディーバッグを立派なクルマに積んできて、ラウンドしていますよね。それが、あたかも〝成功の証〟みたいに。

趣味だから、そういうラウンドは否定しませんが、ちょっと図体がでかくなっていませんか？　なんて思うわけです。白亜紀の恐竜も、こまごま動く哺乳類に負けたんですよって、あんまり関係ないたとえですけど。

とにかくそういう大層な感じより、ゴルフをもっと日常の生活の中に入れて、早朝ハーフをしてから会社に行く、あるいは、会社終わりに夕方ハーフとか、ナイターハーフをする、なんてことができるほうが素晴らしいじゃないですか。

それには、ゴルフをもっとダウンサイジングしないといけないわけで、どう縮小すればいいか、考えてみたいと思います。

クルマ通勤の方はキャディーバッグを積んで移動できますが、都市部の電車通勤組はキャディーバッグを持っての移動はしんどいです。それに、朝の通勤ラッシュ時は、キャディーバッグなんて持っていたら、相当周囲の人に嫌がられます。

じゃあ、コンパクトにまとめられるか。

やはり筒状のキャディーバッグはかさばるので、練習場に行くときなどに使う、ソフトなクラブケースを使用したほうがいいでしょう。最近、私は電車で移動してハーフラウンドをする取材が多いのですが、そのときはそのソフトなクラブケースに全部ぶち込んでいます。

あとは手ぶらです。ボストンバッグやポーチ類は持ちません。そうすると、すっげぇ楽です。

ソフトなクラブケースの中には、クラブが7本くらい入りますし、ゴルフシューズやボール、グローブなどもすべて詰め込んじゃいます。最初、ゴルフシューズぐらいは別で持とうと思ったのですが、クラブケースの頭の部分って、ドライバーを入れるためにちょっと広くなっているじゃないですか。そこに一足ずつ包んで押し込めば入ります。

クラブ以外の荷物を入れるために、ドライバーを外す、という考えもあります。もしくは、ドライバーのヘッドカバーを簡易なやつに変える手もあります。

ドライバーのヘッドカバーって、なんであ～もデカいんですかね。たぶん、周囲を威嚇《いかく》したいんでしょう。でも、あれが一番邪魔。編み込んだお手製みたいなので十分だと思います。

クラブケースのダウンサイジングの次は、コースです。

基本、18ホールラウンドしようとするから、一日仕事になってしまいます。ハーフだったら、半日仕事、いや正味2時間で終われます。ですから、クラブもコースも半分にして回る――これで「ハーフ＆ハーフ・ゴルフ」の完成です。

最近のゴルフ場は、ネットで調べると、午後ハーフ、薄暮ハーフを実施しているところが多いです。特にショートコースはナイターも多いので、残業がなければ十分プレーできます。

最近は雇用形態も変わり、わりと時間が自由に使えるようになっていると聞きます。そんな話をしていたら、安倍政権が月末金曜日は15時に仕事を終える〝プレミアムフライデー〟を始めたというニュースが飛び込んできました。

いやぁ、15時に仕事が終わるなら、ショートコースでナイタープレーは楽勝です。時代は「ハーフ＆ハーフ・ゴルフ」の味方をしてくれているようです。

さあ、長いプレー時間と重くて大きいキャディーバッグから解放されて、フリーで、お気楽なゴルフを楽しみましょう！

東京の名門コースは、ナイター営業して、庶民に開放してほしい。

chapter 32

英国人は批判的でも「乗用カートよ、永遠なれ！」

英国紳士から言わせると、ゴルフをダメにしたのは、「アメリカの乗用カートと日本のおばちゃんキャディー」だそうです。さすが、ジェントルマンの国の意見。実に手厳しい……。日本は、おばちゃんキャディーと乗用カートの両方を愛用しており、一番堕落しているのかもしれません。そこで今回は、そんな乗用カートにまつわるお話をしましょう。

乗用カートって、すべて左ハンドルなの知っていました？　生まれがアメリカゆえ、その名残として、左ハンドルなのだそうです。実用面でも、車体が小さいので、右ハンドルにした場合、アクセルの置き場所に困ってしまうとか。足もとのペダル系を車内に収めるには、左ハンドルにしたほうが、都合がいいそうです。別に気取って左ハンドルにしているわけではなかったのですね。乗用カートの2大メーカーは、ヤマハと日立です。見た目の違いは、ヤマハ製はフロントガラスがやや斜めで、お洒落に見えます。日立製は、垂直なフロントガラスで全体が四角い箱みたいな形をしています。まさに質実剛健。頑丈さでは、日立かな。

さて、この乗用カート、個人的には偉大な発明だと思っています。日本のゴルフ業界をどう変えたのか。最初にその恩恵、プラス面を見てみましょう。

◆**乗用カートの恩恵**

（1）山岳コースが面白い戦略コースに変貌——昔は、山岳コースと聞いただけで、そのゴルフ場は敬遠されたものです。今から30年くらい前はカートなんて珍しく、歩きのプレーが多かったですからね。登りはほんときつかった。だから、山のコースへ行く前には、必ず「乗用カートあるの？」と聞くのが〝お約束〟でしたもの。

結果、乗用カートのない山岳コースは敬遠されて、人気がありませんでした。それが、乗用カートの導入によって、風向きがガラッと変わるのです。「なかなか面白いコースだよね。打ち下ろしが爽快で、すごく飛んだ気がする」とか、好評を得るようになりました。乗用カートを使えば、登りもなんのその。コース間の移動も楽チンです。しかも、山岳コースはもともと不人気だったので料金が安い。いいことずくめとなったのです。

気温30度を超える夏場など、乗用カートのありがたさを一層感じます

（2）フル装備なら、まるで『ドラえもん』のポケ

ット――最新の乗用カートは、ナビゲーションシステムがついていますから、コースのレイアウトや、残り距離などもまるわかり。そのうえ、スコアを打ち込めるのもあって、スコアカードもいりません。

そうした機能があると、仲間うちで複数の組に分かれてプレーしたときは、グループ内の順位表が表示されます。「前の組、バーディーか～」とか、「オレ今、トップじゃん」とか言ったりして、自分がトーナメントに出場しているような気分に浸れます。これは、結構楽しいです。

（3）乗用カートは「車」であり「家」なのかも――屋根付きのカートなら、夏の暑い日は助かりますし、もちろん雨の日も、寒い日も、1年を通して快適にプレーができます。サイドのビニールを下ろせば、風や雨をしのげます。寒い日は、本当に助かります。

加えて、車ですから、余計なものをいっぱい積めます。カッパからおやつ、カメラや望遠鏡、日焼け止めや水筒、ドリンク類など、とにかくいろいろなものが積み込めて重宝します。おにぎりを食べながら電話もできるし、横になってくつろぐこともできる。これはもはや、車を通り越して、小さな〝家〟なのかもしれません。それぐらい便利です。

とまあ、「乗用カート、万歳！」と言いたいところですが、乗用カートの使用でさまざまな弊害が起きていることも事実です。続いて、マイナス面を紹介しましょう。

◆乗用カートのマイナス要素

（1）案外事故が多い――ハワイで某芸能事務所の社長さんが、運転ミスで亡くなりました。

カートの運転では、日本でも崖から落ちたり、池に落ちたりといった事故が頻発しています。山岳コースにカートを導入したのはいいけど、そうしたゴルフ場ではコース間のインターバルが長いため、自分で運転する場合が多いです。ゆえに、事故も起きるんですね。特に下り斜面のカーブで飛ばすと、シートベルトがないですから、外に放り出されます。

（2）運動不足になる——ゴルフは基本、スポーツです。でもカートに乗れば、タバコも吸えるし、お酒まで飲めるって、そんなスポーツ聞いたことないですね。やはりカートに乗ってのプレーは運動量がかなり減ります。せめて平らなコースぐらいは歩くとか、工夫をしましょう。

（3）クラブ競技に支障——クラブ競技は基本歩きです。かつて私が会員だった鶴舞ＣＣでも、競技会で乗用カートを使用しても、プレーの間は乗ってはいけませんでした。

ティーグラウンドの前の、止まっているカートにはベンチ扱いで座れます。けど、動いているカートには乗れないわけです。これは、昔の電動手引きカートが続々と引退し、乗用カートのみになってきたので、こうなったのです。

何はともあれ、英国人からは最低の評価を受けている乗用カートですが、今や日米では非常に愛されています。今後も末永くお付き合いしたいものですね。

名門コースは乗用カートなしの歩きで、料金が高め。謎だ!?

chapter 33

スマホでゴルフ上達。「人の振り見てわが振り直せ」

昨今のITやIoTは物凄いスピードで進化し、VRの立体映像が楽しめる時代になっています。これを使えば、マスターズを制したセルヒオ・ガルシアのキレッキレのアイアンショットを、さながら自ら打ったかのように堪能することも可能でしょう。

我々もそんな時代に乗り遅れることなく、ハイテクを駆使してゴルフに挑みましょう。

というわけで、スマホを使ったゴルフの上達術を考えてみたいと思います。

スマホにはゴルフ用のアプリが多数ありますが、今回はそれをひとまず置いておいて、動画機能を使って同伴プレーヤーに〝サジェスチョン〟を展開します。つまり、口で理論をごたごた言うより、目の前であられもない〝ひょっとこスイング〟を見せてあげたほうが、相手も納得するってものです。では、どんな状況で、何を相手に見せればいいでしょうか。

(1) まずは『スタンス』

これは、多くの人が右を向く、という習性があります。打つとき、ボールを真後ろから見ることはできません。仕方がないので、自分の首をちょっと曲げて、斜めにボールを見ます。ゆえに、誤差が生じるんですね。

もちろん、私もそうです。私の場合、基本的にはフック系のドライバーショットをするので、最初からやや右を向いて打ちます。そこからフックボールが出て、結果的にはフェアウェー方面にボールが転がる、といったイメージを持っていますよ。当然、ミスもたくさんありますよ。

サァサァお立ち会い
ここに取りいだしたるは
ゴルフ場名物
「アマの油」！
スマホに映る己の
恥ずかしいスイング
を見て驚く「アマ」は
タラーリタラリと
油汗を流す！
これを
トローリトロリと
煮詰めましたるが
この「アマの油」!!
アマの油
自分のスイングを見られるのは、確かにちょっと怖いかも……

問題なのは、右向きのスタンスでボールが右に飛ぶ人です。そういう方には、真後ろからスマホでショットを撮ってあげるといいです。それで、撮った画像を見せて「ほらね、ちゃんと右を向いているでしょ」と。すると相手は、「おかしいなぁ～、しっかりスクエアに構えているつもりなんだけど……」と納得のいかない様子で、何度も首を傾《かし》げます。

（2）続いて『体重移動』

スライス病の次に問題となるのが、体重移動です。ダフリやトップ、テンプラ、チョロなどの現象は身体が横に揺れる〝スウェー〟、あるいは足がギッコンバッタンする〝足の浮き〟が主な原因となります。

この問題で指摘しやすいのは、足裏が地面から離れるケースです。イチロー選手をはじめ、プロ野球の各スラッガーやプロゴルファーは、パワーを出すために足を浮かせて体重移動します。でもそれは、ちゃんとボールが当たるのが前提ですから。

素人というか、アマチュアが体重移動のしすぎでボールが当たらない、では意味がありません。結果、チョロで前進1ヤードとかね、もう泣きたくなります。

こういう人のほとんどは、足を地べたにつけていません。だから、スマホで撮って、「こんなに足が浮いているよ」と見せればいいのです。そうすれば、大いに納得できます。

足を浮かせて体重移動する人に、「ベタ足で打ってみて」と言うと、「それじゃあ、ぜんぜん飛ばないんだよね」と言う方がいるのですが、「今、目の前でチョロしたじゃん。それよりは飛ぶから」と言ってあげましょう。

（3）さらに『浅いトップ』

パワーがあるのに「飛ばない」と嘆いている人の多くは、テークバックしたときの、トップの位置が浅い場合が多いです。いろいろと試行錯誤した結果、そうしたスイングにたどり着いたと思いますが、もっと「飛ばしたい」と願っているなら、トップは深めのほうがいいです。そこの部分も、動画を見せてあげれば、瞬時に理解してくれます。

ただ、アマチュアの場合、トップを深くすればするほど、ボールが当たらなくなりますから、単純に深いトップにして飛ばそうとしてもうまくいきません。体が硬い方もいますし。そういう方は、まずはストレッチから始めて、深いトップが形成できたら、徐々にボールを当てる練習をするしかないでしょうね。なお、トップが浅い人は、十分認識している場合も多いです。ですから、動画を撮る前に「トップが浅いの、知っていますよね?」とあらかじめ聞くのがよろしいかと。実は、私もトップが浅めです。たまに言われますが、「五十肩になって以降、体が硬くなって回らないのよ」と答えております。

その他、横にボディがスライドして動くスウェーや、ショットを打つ際の上下動、手の返しの甘さなどが、ミスショットの原因となりますが、そこら辺は動画でも指摘しづらいです。とりあえず、先に取り上げた3点が、動画で見れば一目瞭然の弱点と言えます。

ここまで、自らのスマホ上達術というより、他人のための話をしてきた感じですが、要は「人の振り見てわが振り直せ」ということです。

己の恥ずかしいスイングも、一度練習場などで撮影してみてはどうでしょう。あまりの醜い姿に汗がたら~り……って、それは『ガマの油売り』の口上じゃないですか。

まあ、それぐらい自分のショットって恥ずかしいものです。

いつも夢見がちなあなたへ。たまには夢から覚めて、現実を直視しましょうか。

ゴルフは、他人の下手っぷりほど、よく分かるんですなあ。

chapter 34

待望のゴルフ倶楽部会員となった「メンバーあるある」

今回は「メンバーあるある」をお届けしたいと思います。

晴れてゴルフ倶楽部の会員になった方は、うれしさのあまり滑稽な行動を取りがちです。まず、メンバーになって最初にすることは、クラブのタグをつけることです。晴れて倶楽部の会員になったのですから、キャディーバッグの取っ手にさりげなくつけます。

でも、さりげないと目立たないから、困ったちゃんです。だから、どこぞのコンペとかに行ったときに、同伴メンバーのタグを見つけて「おぉ～、○○カントリー倶楽部のメンバーですね！」と、まずは相手を持ち上げます。さすれば、言われたほうも「そういうあなたも、△△ゴルフ倶楽部のメンバーじゃないですか！」と、応じてくれます。そうやって、双方褒《ほ》めまくりながら盛り上がって、プライドを大いに満たすわけです。

この褒め合いの大事なところは、お互いに似たようなレベルのメンバーってことです。これがもし、相手が誰でも知っている名門倶楽部のメンバーだったら、悲惨な結果を招きます。

相手は言われ慣れていますから、「ありがとう。あんまり競技には出てないけどね」くらいで話が終わって、あなたの倶楽部のタグなどには見向きもしてくれないので、あしからず。

さて、次はクラブハウス内の所作について見ていきましょうか。

メンバーで何がよかったかというと、フロントにメンバー専用の受付があることです。友だちを一緒に連れてきたときなどは、ちょっと優越感に浸れます。

さらに、ロッカールームへ友だちと一緒に向かうのですが、途中で「じゃあ、ここで」と言って、自分はメンバー専用ロッカーへと消えていく……あ～、これぞ至福の瞬間なり。

メンバーとしての優越感を味わいたいものなんですが……

また、メンバーになると、今まで見向きもしなかったクラブハウス内の掲示板やハンディキャップボードなどを、事細かく見るようになります。特にハンディキャップボードに自分の名前があるのは、感慨深いものです。ハンデを取得していない場合は、その他大勢の扱いで、すごく下のほうに名前があります。それでも、新人国会議員の登院ぐらいにうれしいものです。そこへ、友だちがやってこようものなら、その友だちはいい〝カモ〟になるでしょうね。

「ほら、そこに俺の名前が。いやぁ～、メンバーっていいよぉ～」などと言って、ペラペラ喋り出すと止まりません。

メンバーは、ビジターに対してメンバーであることを強調しがちです。例えば、「スコアカード、持った？　インスタートだから、アウトにスコアを書かないでね」とかね。

これくらいで済めばまだいいほうです。「インスタートは、右がＯＢで左はワンペナ。左のバンカーは２３０ヤードで入るけど、キミなら届かないから、マン振りしてもいいよ」と、少し上から目線になることがしばしば。そういうのは、ちょっとイラッときますね。

さらに、プレー中は目土袋《めつちぶくろ》を持って、せっせとディボット跡に砂をかけて補修します。「いやぁ、自分のコースだと思うと、なんかねぇ。大事にメンテナンスしなきゃって思うんだよね」……って、人間変わるものですな。ビジター時代は、目土袋の存在すら知らず、ディボットを作ってもガン無視して平気でプレーしていたのに……。

勢い余ったメンバーは、ビジターがフェアウェーから打つとき、シャベルに砂を持って待機していますから。そしてゲストが打ち終わると、「はいはい、ダフったら砂をかけましょう」って、これみよがしにディボット埋め作業にかかります。毎回これってうざいですよね。

とはいえ、メンバーとなった者のプライドをくすぐれば、たまにはいいこともありますよ。例えば、コース途中のお茶屋さんで、「そう言えば、さっきパー取ったよね。ここはメンバーさんの奢りかな？」なんて吹っかけてやれば、悪い気はしないものです。

そこでメンバーさんは、ホルダーを出して、「全部、これにつけて」と。そのときは、「さすが地主、太っ腹、ごちそうさん！」と。奢られるビジターさんの気分も悪くはないでしょう。

その後は、やっとハーフが終わってランチに突入です。その際、さっき売店でドリンクを奢ってもらったことに味をしめたビジターさんは、こんな作戦に出ます。

「メンバーは、プレー代が安くていいよなぁ。土日でも８０００円ぐらいでしょ。今日は日曜だから、ビジターは２万円だよ」

そうこられると、メンバーとしてはなんか奢らないといけない雰囲気になってきます。う～ん……、ここは仕方がない、ビールやコーヒーなどのドリンク代くらいは持ちますか、そう腹をくくって「じゃあ、今日は……」と言いかけます。ちょうどそのとき、ウエイトレスがやってきて「伝票は一緒ですか？」と聞いてくるから、メンバーにとってはたまったものじゃありません。衆人環視の中、「伝票は別々で」と言えない雰囲気が漂います。

それにしても、倶楽部のウエイトレスって、メンバーに向かって必ず一括会計か聞いてくるって、何なんですか？　ファミレスじゃあ、ありえませんよ！　単なる〝銭ハラ〟ですね。

で、結局、メンバーは諦めの境地となって、「一緒で……」と言ってしまうのでした。

そうして、メンバーさんは「ちょっとメンバーを強調しすぎたかな。次からは『メンバー、メンバー』って言わないようにしよう」と、心の中で固く誓うのでありました。

せっかくメンバーになったのだから、自慢しないでどうする？

第5部

世間にオピニオン

chapter 35

トランプさんよりもゴルフが上手い大統領は誰か？

ゴルフ好きのトランプ大統領が誕生したので、歴代のアメリカ大統領の中で、誰が「ゴルフ好き（あるいは実力）ナンバー１」か、見極めたいと思います。

実際、彼がゴルフをしている動画を見たことがありますが、ダイナミックなスイングで、ボールの勢いが半端ないです。シングルハンデらしいですから、トップアマと見ていいでしょう。

オバマ前大統領もゴルフ好きで有名でしたが、ハンデは「13」くらいと言われています。

そうなると、歴代ナンバー１のゴルファーはトランプで決まり！　と思うでしょう？　ところが、実は〝最強の大統領〟は過去にも存在していたのです。

それは、第34代ドワイト・D・アイゼンハワー大統領です。なにしろ彼は、プロでもないのに、２００９年に特別功労者として世界ゴルフ殿堂入りを果たしているんですから。

アイゼンハワーがすごいのは、そのラウンド数の多さ。８年の任期（１９５３年～１９６１年）の間に約８００回、つまり年に１００ラウンドもしたのですから、びっくり。

ゴルフ好きのオバマですら、８年間で３００回ちょっと。単純計算でその倍以上はプレーしているのですから驚きです。安倍晋三首相なんか、年に10回ぐらいでしょ。まだまだですよ……って、そこを煽《あお》ってどうする？　アイゼンハワーのゴルフ好きは筋金入りで、マスターズを開催するオーガスタ・ナショナルGCのメンバーでもありました。10番ホールのティーグラウンド横にある一軒家は、「アイゼンハワー・キャビン」と呼ばれ、そこが大統領執務室を兼ねていました。つまり、冷戦真っ只中、〝核のボタン〟をゴルフ場に持ち込んで（？）プレーしていたのですから、恐れ入ります。かつて、あの華やかなオーガスタには、まさに〝戦争と平和〟が背中合わせで共存していたのです。

アメリカ大統領に就任したトランプ氏。ゴルフの実力では歴代大統領の中でもトップクラスですが……

　また、オーガスタの17番にあった巨木は「アイゼンハワーツリー」と称されていました。スライサーのアイゼンハワーがいつも当てるため、「あの巨木を撤去してくれ」とコース側に願い出たこともあって、いつの間にかそう呼ばれるようになったようです。

　結局、大統領の願いはコース側が断固拒否。長い間、マスターズ名物のひとつとして、事あるごとに取り上げられていましたが、その巨木も２０１４年の大雪で倒れてしまい、ようやくアイゼンハワーの願いは叶いました。しかし、倒れた巨木の苗はしっかり保存されているそうで、またいつの日か「アイゼンハワーツリー」が復活するかもしれないと言われています。

他にもアイゼンハワーの名前が付けられたゴルフ用語があります。「アイゼンハワールール」というのが有名です。心臓に持病を抱えていたアイゼンハワー。ここぞという勝負パットを決めるときには、心臓への負担が心配されていたそうです。そこで、主治医から「グリーンに乗ったら、パターを打たないことにしてはどうか」と勧められ、それを実践していたと言います。スコア計算は、カップからどんなに遠いところに乗っても、2パットで計算したそうです。パーオンすれば、全部パー。バーディーがない代わりに、ボギー以下もなし。なかなかいいアイデアだと思います。だから、今なお〝ルール〟として残っているわけですね。

アイゼンハワー大統領は、日本との〝ゴルフ外交〟にもひと役買っていました。安倍首相の母方の祖父である岸信介首相と一緒にラウンドしていたのです。

1957年6月、岸首相は渡米してホワイトハウスを訪ねています。それを歓迎したアイゼンハワー大統領は、岸首相に午後の予定をさりげなく聞いたそうです。そして、岸首相が「空いています」と言うや、「では、午後からゴルフをしましょう」とアイゼンハワー大統領が誘って、〝日米外交ラウンド〟が実現しました。

ラウンドしたコースは、ワシントン郊外のバーニング・ツリーCC。クラブハウスに到着するや、岸首相の体格に合わせたゴルフクラブのフルセットがちゃんと用意されていたとか。ふたりは、実に楽しい時間を過ごしたようですよ。

それから時を経て2013年2月、安倍首相がオバマ大統領と会談した際、岸&アイゼンハワーのゴルフ話を持ち出します。そこで、同席していたバイデン副大統領が「ふたりのスコアは?」と聞くや、安倍首相は「国家機密です」と冗談を言って、その場を沸かせました。

その〝国家機密〟ですが、ここでバラしてしまうと、アイゼンハワー大統領が「74」で、岸首相が「99」だったそうです。これは、安倍首相とトランプ大統領の実力差のようにも感じられます……。日米首脳の〝ゴルフ格差〟は、50年以上経っても変わっていないんですね。安倍首相、もっと練習しないといけません!(って、大きなお世話か……)

さてさて、トランプとアイゼンハワーが一緒にゴルフをしたら、どっちが強いのか?

50年以上も時が離れていますから、ギアやボールの進化、スイングの技術の進歩などを考慮すれば、アイゼンハワーのほうが強いんじゃないでしょうか。実力的にほぼ互角と見て、一発勝負となれば、トランプが勝つ可能性はありますが、100ラウンドの平均を出すなら、やはりアイゼンハワーのほうが有利でしょう。

トランプ大統領は、叩き出したらキレそうで、ムラがあるイメージがします。大統領として仕事をしているときは、くれぐれもキレて変なボタンを押さないよう、お願いしたいですね。

トランプ・ゴルフの真骨頂は、霞ケ関CCで転がってるボールを拾ったこと。

chapter 36

オヤジ達は飛ばないのに、なぜ高反発クラブを使わないのか？

先日、大御所の集まるコンペに参加したのですが、組み合わせが、皆さん70歳以上の大先輩ばっかりでした。おかげで、周囲にペコペコ、気を使ってばかりでしたけど。

コンペのコースは距離が長く、400ヤードのミドルホールなんてざらです。先輩方は、長いミドルホールは、4オンが関の山。皆さんダボとトリプルのオンパレードとなりました。

先輩方のドライバーですが、高反発系のドライバーじゃないんです。あれを使えば、もっと飛距離が伸びると思うのですけど。皆さん、お金は持っています。魔法のクラブは、すぐ買えるのに。なんでかな〜と思って、先輩方のプレーを見てて、あることに気づいたのです。

皆さん、バブル以前の、ストイックなゴルフ環境で育っている、己に厳しいのです。「オーケーはグリップの長さまで」とか、「打った跡を目土《めつち》するのは当然」とか「ボールを見失ったら、みんなで探そう」「バンカーショットの後は、レーキで丁寧にならす」とかね。気遣いはキャディさんにまで及び、「キャディーさん、ドリンク何か飲む？」と、熟女パブにいるような振る舞いをするのです。ルール&マナーに厳しく、周囲への気配りも凄いのです。

昔のアマチュアゴルファーは、貴乃花親方の理論でいえば、「道」を極める、ガチンコプレーです。文字通り「ゴルフ道」を実践してきた諸先輩達が、ひとりだけ高反発クラブを使うなんて、シャ乱Qも顔負けの「ずるい男」となってしまうのです。もちろん、軽めのニギリをやっていますから、飛び道具を使うわけにはいかない、という事情もありますよね。

さりとて、昭和のアマチュアゴルファーは、どんなに飛ばなくても決して「シニアティー」では打ちません。ひとりだけシニアティーで打つことが、屈辱なのです。シニアティーで打つなら、ゴルフを辞めた方がいい。そう思っているシニアプレーヤーは98%ぐらい、いるんじゃないですか。そもそも、シニアティーで打っているお年寄りなんて、ほとんど見たことがないですから。

ゴルフの大先輩方が「誠」を大事にされる気持ちもわかりますが……

というわけで、日頃、高反発クラブを推奨している私ですが、なんで高反発クラブが普及しないのか、少し分かったような気がしました。

じゃ、どうしたら高反発クラブを普及させられるのか？　みんなが打ちやすい環境を整備し、卑怯者じゃなくなればいいのです。

具体的なプランを提示します。

①コンペで高反発クラブを、使用可能と、一文を添える。

新しいドライバーをお披露目すると、「いいなあ、ちょっと打たせてよ」となりますが、高反発ドライバーをこれみよがしに見せると、反応は様々です。「オレも欲しかったんだ」と、いう人もいますが、逆に怒りだす人もいます。「そんなのはゴルフじゃない」「ずるい人とは、ニギりません」みたいな扱いを受ける場合もあります。

じゃどうすればいいのか？　コンペの案内欄に、ルールやマナーが書いてありますよね。「本日はオーケーあり、スルーザグリーン、6インチリプレースでお願いします」と書いてある細則に、「このコンペは高反発クラブ使用可能です」と、加えればいいのです。

もちろん、プライベートのコンペですから、最初から高反発クラブを使って構いません。だけど、精神的な抵抗がある。そこで、「錦の御旗」よろしく、コンペの幹事が、お墨付きを与えればいいのです。さすれば、嫌みを言われることもないでしょう。むしろ、時代は変わったんだ。徳川から薩長への転換期だ。日本刀で戦った新撰組が懐かしい。ここは新しい時代だから、オレのガトリング砲をぶっ放すとするか。とまあ、こうなるわけです。

②ゴルフ場に高反発クラブ利用可能と、掲示させる。

コンペで高反発クラブ使用可のお墨付きが出たら、今度はゴルフ場に認めさせましょう。現在、高反発クラブは、ゴルフ場で使って構いません。でもそれは「黙認」です。本来、カントリー倶楽部は、ＪＧＡルールに則ってプレーされたしとなっているので、気分的には面白くないのです。そこは新しいお客さんを開拓し、飛ばなくなったシニア層を取り込むために、公に高反発クラブを使ってよろしいと、お触れを出して頂きたいのです。

掲示板に「当ゴルフ場は、プライベートラウンドで、高反発クラブの使用を認めます」とね。あるいは「ビジター客の高反発クラブの使用を認めます」でもいいです。

今から10年以上も前に、ゴルフクラブの低反発規制が行われ、全てのクラブは低反発系の飛ばないクラブになりました。あれも不思議で、競技に出ない人も、低反発クラブを使えとなって、高反発クラブは、違反と言うし。いったい、何の違反やねん。

でもこれが、また高反発クラブブームが起きれば、100万本単位でクラブが売れるかもしれない。大きなビジネスチャンス到来なのです。

③クラブ競技で高反発クラブを使用可能にする。

千葉県のマクレガーカントリークラブでは、月例競技などで、高反発クラブの使用を認めています。ハンディキャップは、さすがにJGAとはいかず、クラブハンデの域を出ませんが、メンバーさんから好評なようです。

クラブ競技も、ハンデ戦なら、高反発クラブの使用ありですよ。日本のゴルフ場のメンバーさんの平均年齢は、60歳近いんですよ。そこを考慮してあげないといけませんよね。

オヤジの反抗期か。高反発クラブに反発して、どうする!?

chapter 37

しんどいことばかりの、プロツアーの試合観戦

2016年の国内男子トーナメントは、石川遼選手の活躍で、終盤戦は大いに盛り上がりました。

けれども、ギャラリーの入場者数は、今ひとつだったようです。特に、最終戦の日本シリーズJTカップ（2016年12月1日～4日／東京都）は、会場が東京よみうりカントリークラブと交通の便がよく、天気も晴れて絶好のゴルフ日和。そのうえで、人気プレーヤーの石川選手が優勝したので、さぞや多くのギャラリーが詰め掛けたのだろうと思いましたが、例年並みの人出だったそうです。

これは、憂慮すべき問題です。好条件でも入場者数が増えないのは、ギャラリーの微妙な意識の変化があると思います。

ゴルフファンの多くは、ファン以前にプレーヤーなのです。なまじっか自分がプレーするものだから、厳しい目をしているわけです。ですから、男子ツアーに求めるものは、圧倒的なスーパーショットです。

私も、全盛期のタイガー・ウッズやジャンボ尾崎は、試合会場まで足を運んで生のプレーを

見に行きました。やっぱり、彼らはオーラからして違うし、ミサイルみたいに飛んでいくショットにも、音だけで興奮していました。

しかし今は、プロなら誰もが飛ばし屋さんです。石川選手がなんぼ飛ばしても、「こんなショット、見たことない」とはなりません。しかも、ファンの皆さんは、アメリカのPGAツアーをテレビで見ているので、中途半端な日本人選手のショットじゃあ、満足しないのです。今なら、さしずめバッバ・ワトソンとかね、「彼の350ヤードショットなら、見てみたい」となるんでしょうね。

日本のプロツアーにも、テレビ観戦より「現場で見たい」と思わせるようになってほしいですね……

まあ、これが女子ツアーだと、一生懸命日本語を覚えて日本ツアーに溶け込もうとしているイ・ボミ選手とか、愛らしい選手や若い選手なんかががんばっている姿を見たいな、となるわけです。それはそれで、アイドルコンサートに近い目線というか、自分の娘への愛情のような意識で見ていますから、ファンは大満足です。

何にしても、アマチュアゴルファーであるゴルフファンにとって、現状の日本男子ツアーの試合観戦は、精神的にしんどいのです。

まず、トーナメント会場に行く過程が難儀です。普段、自分がプレーするときは自慢の高級外車などで乗り付けますが、試合観戦となると、電車を乗り継いで、シャトルバスで移動。そうやってがんばって来たご褒美が、会場でアポロキャップをもらえて、よかったですね、といった具合。なんだかなぁ……。

さて、コースに着きました。いつも大手を振って歩いているフェアウェーですが、観戦中は中に入れません。当たり前ですが、いつもOBゾーンの外ばかりを歩きます。

前出の東京よみうりCCなんか丘陵ですから、歩くところは傾斜ばかり。そこでは、「オレはこんなところにボールは打たないぞ」なんて文句をぶつくさ言って、丘の上から見るパッティングシーンでも、「あの選手、全然ショートじゃん」と、遠目から不満をたれます。が、単なるギャラリーですからね、永遠に自分の打順は回ってきません。あしからず……。

さらに、トーナメント4日間の通し券で料金1万円くらい払っているのに、クラブハウスを利用できません。雨の日はもちろん、クソ暑い日や寒い日でも、クラブハウスに入れずに丸一日外で過ごすのは、ホントしんどいです。

クラブハウスでふんぞり返りながら、ビールを飲んで、特製チャーシュー麺とか食べられないし、トイレだって、ウォシュレット付きの、お尻に優しい便座も使えません。ギャラリーは、工事現場にあるような、簡易トイレで用を済まさざるを得ないのです。しかも、和式トイレだったりしたら、治りかけの痔が再発しそうで怖いです。トホホ……。

そのうえ、人気選手目当てで試合を追いかけると、ゴルフクラブの代わりに双眼鏡と脚立を持って、18ホールを延々徒歩行軍です。

結局、目の前にゴルフコースがありながら、一球も打てずに一日過ごすって、すごく悲しいです。実際、あまりにつらくて、帰りに練習場に寄った人が私の周りにもいますから。

そんなわけで、もっと試合を面白く見せる工夫をしてもらわないと、アマチュアゴルファーであるゴルフファンは、試合観戦を楽しめません。試合中は、18ホール全部にテレビカメラを導入して、特別映像をギャラリーに見せるとか、やってほしいですね。施設面でも、エアコン完備の観戦ルームや食堂とか、ウォシュレット付きのトイレとか、有料でいいから増やしたりしてほしいですね。

ロックコンサートなんて、全部見ないで、雰囲気だけを楽しんでいる人が結構いますから。要は、いかに楽しく見せる演出が大事かってことです。

究極は、会場にいながら、試合を追いかけなくても楽しい。そう思わせれば勝ちですね。

ゴルフはプレーしてなんぼ、人のプレーを見るのがそんなに楽しいのか？

chapter 38

本当に重視すべき、ゴルフの「ルール&マナー」

ゴルフ雑誌を見ていると、異口同音に「ルールやマナーを守りましょう」と書いてありますけど、そんなに守らなければいけないことでしょうか?

ゴルフを本業としている雑誌ですから、さすがに表現には限度があります。まさか「ルール無視」とか「マナー軽視」なんて書けませんよね。でも、ルールやマナーが厳し過ぎるから、ゴルフをやりたがらない人がいる、という現実もあります。

そこで、どの程度ルールやマナーを守ればいいのか、目安みたいなものを考えたいと思います。これは、あくまでも個人的な意見ですから、賛同するもよし、反対してもまったく問題ありません。ただ、頭にきたから炎上させる、なんてことだけはやめてくださいね。

ルールやマナーを大きく分けると、〝対外的なもの〟と〝内輪的なもの〟に分けることができます。理解しづらいので、具体的な例を挙げながら話を進めていきましょう。

私は、ゴルフのプレーの中で何が何でも守らなければいけないのは、たったひとつだと思っています。それは、「グリーン上では芝生を傷つけないように歩く」ということです。

これは、最重要マナーです。グリーン上をすり足で歩かれては、芝がボコボコになって、そのあとにプレーする方々に多大な迷惑をかけることとなります。

グリーン上は、それだけ繊細な場所です。あるメディアがどこかの名門コースで取材撮影をしたとき、タレントがグリーン上ではしゃいで芝生を傷めてしまったそうです。その際、取材者側がゴルフ場から修復代として30万円請求された、なんて都市伝説があるほどです。

他人に迷惑をかけない最低限のマナーだけは守ってほしいものです……

もうひとつ言うと、「バンカーから打ったあとは、レーキできちんと砂をならす」こと。これも他人の靴跡にボールが入ったりしたときは、ほんと腹が立ちますからね。

では、「ティーショットでOBらしいときは、何度でも打ち直す」ことはどうなのか。これは、ルール的には正解かもしれませんが、前進4打ティーを使ってスムーズに進行すべきです。暫定球を打つにしても、せいぜい1球にしておきましょう。

また、OBやロストボールの措置は、正式なルールでは最初に打った場所に戻って打ち直しとなります。しかし、そんなことをプライベートなラウンドでやっている人は皆無でしょう。これをやられたら、ますます進行の妨げになりますし、ほんと迷惑です。

だから普通は、ボールが飛んでいった場所に来て「あちゃ、やっぱりOBだよ」となったら、「じゃあ、この辺から2ペナルティーを加えて打ちます」という処置が、プライベート&練習ラウンドでは適切だと思います。〝内輪的な〟ルールで対処して、〝対外的な〟マナーを守ったほうがいいでしょう。

赤杭や1ペナ杭内に入った場合の処置とか、カジュアルウォーターの処置、さらには「2度打ち」や「バンカーからどうしてもボールが出ない」といった場合の処置なども同様です。同伴プレーヤーと相談して、〝内輪的な〟ルールを決めて解決策を編み出してください。それはどんな取り決めだろうと、第三者に迷惑がかからないので、何ら問題ないと思います。

ところで、マナーにおいて本来するべきですが、どうしてもおろそかになってしまうのが、フェアウェーなどから打ったあとに「目土《めつち》の砂をかける」ことです。

これは、おおよそミスショットをしたあとだったりするので、頭がテンパっている人などもいて、そこまで気が回る精神的な余裕がない、ということもあるでしょう。

それで、ふと思い出したのが、かつてあるコースでは、キャディーさんがラウンド後に目土をしていたことです。また、他のあるコースでは、シルバー人材派遣センターを通して時給で人を雇って、その方々に目土をしてもらっているとのこと。

だったら、いっそのこと目土をしなくていいようにしてほしいですね。雨の日とか、他にも持ち物が多くて最悪ですから。料金が100円くらい高くなってもいいから「目土しなくて結構」というコースがあれば、ぜひ行きたいです。

とまあ、好きに書かせていただきましたので、賛否両論あるのは確かでしょう。でも逆に、いい議論の場を提供できたのではないか、と思っています。

結局のところ、ルール&マナーを解決する最善の手段は何か？　それは、ゴルフのうまい人と一緒に行くことです。その場でいろいろと教わりながらプレーすれば、別に何ら知識がなくても、楽しく有意義なゴルフができるのです。

昔は、みんなそうでした。職場や学校の先輩が連れて行ってくれて、そこで手取り足取り教わったものです。けれども今は、ゴルフを教えて語り継ぐ文化が消滅してしまいましたね。

今の若者は、ネットで予約して、お友だち同士で和気あいあいとラウンドしています。だから、〝対外的なこと〟で周りに迷惑をかけていることに気づかないんですよね。

アマチュアゴルファーのルール&マナーにおいては、第三者に迷惑をかけないこと。これが一番大事です。

くれぐれも、グリーン上で素振りをしたり、ストレッチしたり、まして四股《しこ》を踏んだりしないでくださいね。

ゴルフのルール&マナーが厳しいから、若者は参加したがらない。

chapter 39

同伴プレーヤーの不正を目撃。あなたはどうする?

とあるコンペでの出来事です。直接、私は関わっていません。あくまでも人から聞いた〝事件〟を、まずは紹介させていただきます。

知り合いが、同伴プレーヤーのボールを探しに林の中へと入っていったときのこと。みんなで探したけど、なかなかボールは見つからず、「これはロストボールですね」とボール探しを諦めかけたとき、突如林にボールを打ち込んだ当事者が「ボール、ありました!」と叫んで、涼しげな顔をしてそのボールを打ったそうです。

そこは、散々探した場所。「突然ボールが現れるわけがない」と知り合いは言います。おそらく〝卵を産み落とした〟のでしょう。つまり、ポケットから他のボールを出して、何食わぬ顔をしてプレーを再開した、というわけです。知り合いもすぐにそう思ったそうです。

さあ、こんな場面に出くわしたら、あなたならどうしますか?

JGA(日本ゴルフ協会)に告発文を出しますか? って、それは大げさですね。手紙をもらったJGAも困惑するでしょうし。

決定的な現場を見ていないので、100%別のボールを落としたとは言い切れません。でも、状況証拠的には、限りなくクロに近いグレーです。

正義感の強いその知り合いは、まず幹事のところに行って、こういうことがあったと報告。そして、「うまく対処してください」とお願いしたそうです。しかし幹事は、「現場を押さえているわけじゃないから、どうしようもないよ。あまり揉《も》めたくないから、スルーでいいんじゃない」と、うやむやにしてしまったとのこと。

偶然見てしまった同伴プレーヤーの不正。あなたならどう対処しますか?
まあ、知り合いの正義感野郎は、当然納得していませんでしたが、状況証拠で犯人扱いしてもね、なんだかなって思いますよね。
で、私の判断ですが、考え方としてはその幹事さんと同じです。「揉めたくない」というのが、一般的な考えではないでしょうか。我々は、全英オープンに出場しているわけではないので、コンペでの不正を質すよりも、人間関係にひびが入るほうが嫌ですからね。
じゃあ、偶然決定的な証拠、すなわちポケットからボールを落としたところを見てしまったら……、そのときはどうするか？

見てしまったほうもバツが悪いので、私だったらニヤッと笑って、「じゃあ、昼メシでもおごってもらおうか」と言います。相手からしてみれば、不正の現場を見逃してもらえるなら、昼メシなんて安いものでしょう。そして、「これでもう優勝はないから、あとで適当に叩いてね」と言えば、相手もしぶしぶ従わざるを得ないでしょう。

私もこれまで、何度もマナー違反や不正を見てきましたけど、その人と二度とラウンドをしない、というわけではないので、余計なトラブルは避けたいです。

まがりなりにもコンペの同伴プレーヤーなら、他にも共通の知り合いがいるわけで、そちらの人間関係を重視したいです。

不正で一番多いのは、ボールを打ちやすい場所に移すことです。ディボットや深いラフとか、打ちづらいときにこっそりボールを動かす。もちろん、「スルーザグリーンは6インチリプレース」というルールを適用しているならば、ボールは動かせます。しかし、そんな取り決めもないのに、動かしてしまう人がいます。

特に、そこそこ上手い人がやりがちです。ラウンド前、「今日は調子が悪いので、ボールは6インチ動かしますので、よろしく」と言えば済む話じゃないですか。そのひと言が言えないんですな……。

細かい話をすれば、赤杭の外から打つときはクラブフェースをソールしてはいけないのに地面を触っているとか、〝2度打ち〟したのに申告しないとか、そんな不正はちょくちょく見ます。それらはやっているほうも気づかないんでしょうが、そこら辺は相手の〝ゴルフ修練度〟が低いと思って、スルーします。

逆に、パターを打つときにボールに触れてしまった際、みんなが見ていることもあって、「今、ボールにパターが触れてしまいました」という正直者がいます。ただこれは、故意でなければ、ルール的にセーフです。パターを打つとき、ボールに触れても、ボールが動かない限り、何ら問題はないのです。

もはや都市伝説となっている、こんな話もあります。

某大先生がゴルフをしていて、林の中にボールを探しに行くときは、一緒に探してはいけない、という暗黙のルールがあるとか。それは、大先生が好きなようにボール探しができないから……というか、小細工しづらいからであって、同伴者はなんとなく遠巻きに探すふりをするんだそうです。

ゴルフが〝紳士のスポーツ〟から、単なる〝庶民のレジャー〟になって久しいです。そんな状況にあって、厳密なゴルフをしても始まらないでしょ。人間関係が何よりです。

他に質す不正はいっぱいあると思うんですよ。政治家の政治資金の使い方とかね。

同伴プレーヤーの不正って、なかなか注意できません。ケンカになりそうだし。

chapter 40

ショートコースで「3度打ち」ってどうなの?

最近、別媒体の企画でショートコースをラウンドしているのですが、これが結構面白くって。まともな話からさせてもらうと、よく行くコースは9ホール（すべてパー3）あって、1ホールの距離は60～150ヤードくらいです。使うクラブは、ほとんどアイアンですね。しかも7番以下で、毎回1オン狙いとなります。

すると、「ショートアイアンばっかじゃ、つまらない」という方もいるでしょう。ところが、実際は違います。1回でグリーンに乗せるように造っているので、各ホールのレイアウトが戦略的なのです。谷越え、池越えは当たり前。極端なものだと、ショートホールなのにピンが見えない、ブラインドコースになっているホールもあります。でかい木が邪魔をして、フックをかけないと乗りませんって感じです。

このホールを最初に見たとき、大きな木を伐採もしないで「手抜きか！」と思ったのですが、実は難易度を高めるために、わざわざ樹木を生やしていたのです。

他にも、グリーン手前の樹木が横にせり出していて、普通にグリーンを狙って打ったら、絶対に木にぶつかってしまうレイアウトもあります。ここでは、低い球を打って、転がしで攻めるしかないですね。とまあ、一部のショートコースは、こってりなレイアウトで人気を博しています。ただし、問題も続発しています。実際にプレーする人たちは、ほとんどが練習を兼ねてラウンドしているため、〝2度打ち〟や、グリーン上で何度もパターを繰り返す〝居座りパット〟が日常茶飯事化しているのです。

マナーは他人の迷惑にならない程度に守ってほしいですよね……

ここからはそんなショートコースで起こった〝事件〟を紹介したいと思います。しかも、最近あった新鮮な話です。

とある日のこと、某ショートコースに行くや、「今日も2回打っている人がいるなぁ……やれやれ」と思って、マナー無視の行為を温かい目で見ておりました。

その後、何ホールか終えて、インターバルの長い次のホールに向かうと、さっきまで見かけなかった熟年の夫婦が突然目の前に現れたのです。しかも、オバちゃんが3回もティーショットを打っているではないですか!?

なんで急にその人たちが現れたのかというと、たぶんどっかのホールから横入りしてきたのでしょう。ホール間のインターバルがあって、ちょうど空いていたので「ここで打っちゃえ」となったようです。

横入りはいいとして、オバちゃんが3回目を打ったときには、思わず声を発しました。

「そんなに何回も打っていいんですか？」

こちらとしてはやんわりと言ったつもりでしたが、それに対して、オジさんのほうが逆ギレ気味にこう言い返してきました。

「ウチらは2回ずつ打っていて、ワシの1回分を女房に打たしてやっているんだ！」と。

わけのわからぬことを言うので、「そんなの知りませんよ。とにかく、何回も打たないでください」と注意すると、熟年夫婦はしぶしぶ了承して、そそくさと歩き出していきました。

これで一件落着かと思ったら、次のホールのティーグラウンドでまた、その熟年夫婦に遭遇。今度はあっちから、「このコースは渋滞が多いから、みんな待っている間に何回か打っているんだ。それのどこがいけないんだ！」と言って威嚇してきたのです。

いやいや……、「みんなが何回も打つから、渋滞するんじゃないですか。マスター室で聞いてみたらどうですか」と言うと、こう反論してきました。

「ここは練習するコースなんだから、細かいこと言わんでいいんじゃないの」と。

もう、両者の言い分は平行線をたどるだけ。仕方なく、こっちはもうラウンドも終わりに近づいていたので、あとは熟年夫婦の2〜3度打ちを静観しながら、プレーを終了しました。

さて、いったいこの〝事件〟、どこに問題があったのでしょうか。

ショートコースでは何回も打って練習したほうがいい、という考えには賛成です。でもそれは、コース側が認めた場合であって、今回のようにコースが認めていない場合は、本来は一度きりのプレーで進行するべきでしょう。その認識の差に問題が生じるんでしょうね。

ただ実際問題、コース側は〝2度打ち〟チェックをするための巡回などはしていません。つまり、〝2度打ち〟に関しては黙認しているフシがあります。たぶん、そうしないとお客さんが来ないからでしょう。

それに、〝2度打ち〟だらけのお客さんの中に、1組だけ通常のラウンドをするお客さんが混じると、その組は時間が余って仕方がない。所在ないから、そういう組も「じゃあ、ウチらも〝2度打ち〟しよう」となるわけです。結果、ますますコースは渋滞し、際限なくなります。

ならば、いっそ〝2度打ち〟OKというコースにしてはどうでしょうか。そうしたら、マナーに関してのトラブルもなく、渋滞が起きても誰も文句は言いません。とにかく、そろそろショートコースは、ラウンドルールやマナーの改革をするべき時期にきているかもしれません。

まあ現状は、「串カツのソースづけとゴルフのショットは、2回やっちゃダメ」と、そんなところだと思いますけどね。

最近のショートコースは、2度打ち天国になっている気がします。

chapter 41

ゴルフ場の「ジャケット着用」ってどうなの？

日本アマチュアゴルフ界の、変わった〝風習〟とでも言うのでしょうか、クラブハウス入場時のジャケット着用のルール、なんとかならないですかね。さすがに夏の酷暑時は、ジャケットを着なくてもいい、となっていますがね。暑くて着なくていいなら、年中着なくていいと思いますが、どうでしょうか。

そもそもジャケット着用のマナーは、英国からの伝来です。

あちらの国では、ネクタイを締めて、ジャケット着用してプレーしていたのですから、そりゃ筋金入りです。

でも、アメリカにゴルフが伝来し、すぐにやめたのが、ジャケット着用でした。

カウボーイの国の人は、実用的な服装を好みますから、プレー中にジャケットは着たがりませんね。

だいたい暑くて、満足にプレーすることなんてできないし……。

ジャケット着用を簡素化して編み出されたのが、襟付きのポロシャツです。

その襟が、ジャケットの名残。せめて襟を正して、ジェントルマンのスポーツをしよう、となったんですね。

日本は、英国コンプレックスな方が多いので、ジャケットが好きな方が多いです。というか、一部の中途半端な名門コースが、ジャケット着用を義務づけて格式を上げたい、そういう目論見が、そこはかとなく見え隠れしています。

日本のゴルフ場は、どうして“ジャケット着用ルール”にこだわるんでしょうか……

鶴舞カントリー倶楽部（千葉県）でも、私が会員だった頃、新しい社長がやって来て、クラブハウスの入口に立って、ジャケットを着てないメンバーに着用を促すようなことをやっていました。その社長、まるで中学校の門前に待ち構えて生徒指導する先生みたいに振る舞うんです。

それには、私もさすがに頭にきて、「それはやり過ぎじゃないの?」と、クレームを出しましたよ。その場ではラチがあかないので、そのまま社長室で1時間ぐらい、激しい意見の応酬となりました。

そして、最終的に「絶対、ジャケットは着ませんから、除名なり、何なり、好きにしてください」と私が言うや、「除名はできませんが、こちらとしてもジャケット着用の運動は続けます」と、相手も譲らない。そこで、こちらは最終兵器を持ち出しました。

「最近、鶴舞CCが、売りに出ているみたいですね。ジャケット着用より、もっと経営面でやることあるんじゃないの？」と、言い放ったんです。

そしたら、相手は黙りこくって、「なんで、そんな話を知っているの？」っていう顔をして、何も言えなくなったのです。

その後、鶴舞CCは、三井系から東急系に経営が移りました。つまりその頃、売りに出ていたのは、間違いなかったんですね。

まあそれはいいとして、そもそもジャケットって、ゴルフのプレーに必要なんですか？

クラブハウスの玄関に入って、名前を書く間の、わずか30秒だけでしょう。あとは、ロッカーの中に仕舞い込んでいるだけ。

プレー後に、立派なパーティーがあるならジャケットを着ますが、一般のプレーだけならまったく必要ないでしょう。

歴史も、格式もあり、会員権相場が500万円以上の、真の名門コースに行くなら、ちゃんとジャケットを着て行きます。「あそこは格式が高いから、ジャケット着て行こう」って自ずと思いますよ。

名門は、長い年月をかけて、そういう雰囲気を作り上げてきたのです。我々は、歴史の重み、メンバーの質の高さに敬意を表して、ジャケットを着るのです。

なのに、中途半端な〝自称名門コース〟は、ネットでばんばんビジターを入れているわけですよ。それでいて、「ジャケット着用」はないんじゃないのって、思うわけです。私は、それを言いたいのです。

クラブハウスの入口に門番がいて、制服チェックって、中学校かよー。

第6部

気になってしまうこと

chapter 42

ゴルフ場を丸ごと1億円で買うと、どうなっちゃうのか

現在、日本には2400ぐらいのゴルフ場があるのですが、大手でゴルフ場をグループ化しているところだと、1社で100以上ものコースを持っています。その他、準大手や、どこかの傘下に収まっているコースなどを合わせると、おそらく半分以上のコースが何かしらのグループに属し、日夜営業活動に勤《いそ》しんでいます。

では、グループ制にすると、どんなメリットがあるのでしょうか？

まず、コース管理の肥料や砂などの資材、レストランの食材などは、グループで一括購入すれば、それだけ安く手に入ります。さらに、コースの用具や機材、練習ボールに至るまで、大量購入のメリットは計り知れません。大きなグループ企業が運営するゴルフ場のレストランだと、ひとまず最低ラインの味の基準を作ります。ですから、「まずい」と言われることはほとんどありません。逆に「美味しくなった」と言われることのほうが多いくらいです。

また、グループ化で、集客面での効果も大きいと思います。何よりグループ企業のホームページを通して、幅広い宣伝が可能になりますから。友の会やＷＥＢ会員、そして系列コースの割引などの制度でも、お客さんにおトク感を与えることができます。格安の料金プランなども、

グループだからこそできるメリットがあるのではないでしょうか。

　要するに、グループであれば、こまごました資材や食材が団体一括購入で安くなり、集客面においても大規模に展開できて効果的ではないか、と言いたいのです。

　じゃあ、単独で営業している独立系コースもグループ化すればいいじゃないか？

ゴルフ場が都内の高級マンションと変わらぬ価格で売買されてしまうとは……

　そこで、浮上したのは「星野リゾート方式」というやつです。経営不振に陥ったリゾート施設や旅館などを再生する運営会社として有名な星野リゾートですが、その多くの施設は星野リゾートが運営のみを行なって、もとの不動産や経営権については、昔ながらのオーナーが持っているという形式が多いそうです。

　独立系のゴルフ場としては、将来的にはそんな〃星野リゾート化〃したい、という思いがあるようです。すでに現在、それと似たような形で独立系コースに貢献している会社もあります。「ネット予約」と「コンサルティング」などの会社です。

　今や単体で運営しているコースでも、プレー予約については、大手の予約サイトやコンサルティング会社に頼っている部分が大きいです。ですから、ここ15年ぐらいは、営業面はかなり楽になったと思います。ただし、遠隔地や人気のないコースは、料金を叩かれます。「この値段では、近隣のコースに負けてしまうので、もう少しお勉強しましょう」などと、予約サイトやコンサルティング会社から注文をつけられてしまうのです。

確かにそうなんですよね。先日も、早朝でひと組1万円というプランを知り合いが見つけてきて、「行かないか?」と誘われました。4人なら、ひとり2500円ですからね、かなりおトクです。しかも、食事が付いているって、信じられません。

インターネットのおかげで、独立系コースでもプレーの予約などの営業に関しては大きな問題はないようです。予約サイトやコンサルティング会社との関係から、ホームページを作成してもらったり、さらなる営業強化のアドバイスを受けたり、ということも進んでいるようです。

独立系コースにとって問題は、メンテナンス等の運営面です。いかに必要経費をコストダウンするかですが、そこでは正式なコンサルティング会社が介入してくる場合があります。

でも、あまりにも同族的、家族的というか、独立系コースの経営・運営実態に驚いて、コンサルティングする側がその話をする前に、「いっそ、何億円で売ってしまったら?」「買い手を探してあげますよ」的な、動きになってしまいがちなんだとか。

ちなみに、売りに出ているゴルフ場の値段って、恐ろしく安いです。

ゴルフ場って、造るのに最低でも50億円ぐらいかかります。その当時、名門コースなんかだとクラブハウスだけで30億円かけて建て替えた、なんて話を聞きます。

それを、10億円前後で売り出すのですから、びっくりですよね。遠隔地にある場合だと、3億円とか、1億円とかで売られたコースもあるという話を聞きました。都内の高級マンションを買うお金で、ゴルフコースのオーナーですよ。なんならクラブハウスに住むこともできますから、別荘を買ったと思えばいいんじゃないですか。夢がありますねぇ〜。

実際にコースを買ったとしましょう。そこのメンテナンスの維持費が、最低ラインでも年間1億円ですからね。「うちのマンションの管理費は月3万円なんだけど、それぐらいならコースを買ってもいいけど」って、そんなのあるわけないでしょ。

独立系のゴルフ場は、決してお客さんが多いという状況ではない中、運営維持費にお金がかかってしょうがない。これが、現在の悩みの種です。

アメリカの一部のコースじゃ、管理をあまりせず、ラフも伸び放題にしているけど、安くプレーできるコースが結構あります。そのうち日本でも、メンテはイマイチなんだけど、1ラウンド1980円なんてコースが登場するのでしょうか。

ゴルフ場にとっては今が、コースの運営や集客において正念場かもしれませんね。

ゴルフ場のオーナーになるのは、妄想だけにしておこう。

chapter 43

女性と一緒のゴルフは、本当に楽しめるものか

女性とのラウンドは、現実は厳しい!! 相手探しも大変だし、いざラウンドになっても気苦労が多いのです。というわけで今回は、その〃気苦労〃のお話です。

異性とのゴルフは、何ゆえ気苦労が多いのか。

それは、さまざまな感情が表に出てくるからです。言い方を変えれば、相手の本性が垣間見えてしまうというか。その結果、相手を思いやったり、おだてたり、あるいは教えたり、叱ったり……と、いろいろと気を使わなければいけなくなるのです。

ゆえに、もし交際予定とか、結婚予定の女性がいて、その人がゴルフをたしなむのであれば、ぜひ一度、一緒にラウンドなさるのがよろしいでしょう。さすれば、「わがままでうんざり。もう顔を見たくもない」と憤ったり、逆に「いろいろと気を使ってくれてうれしい」と感嘆したりするはずです。いずれの結末になるにせよ、交際もしくは結婚すべきか否か、はっきりした方向性が示されるのは間違いないでしょう。

もちろん、エスコートした男性側も、相手女性からその性格を見られ、男としての価値を推し量られています。

例えば、パターを打つとき、キャディーさんがスライスと言ったのに、フックして逆のほうに曲がってしまった。その際、「スライスって言ったじゃん！」と、自分の下手さをキャディーさんのせいにしちゃ、終わりですよ。「こういうわがままな人には、ついていけない」なんて、女性は思うかも。

女性とのラウンドは、ホント気苦労が絶えないんですよね……

ごくたまに、「あれは、キャディーが悪い。あなたは正しいよ」と言ってくれる方がいます。ただそれは、また別な意味で〝似たもの夫婦〟になる可能性があるのかな、と。

見られているのは、プレー中だけではありません。例えば、売店などでの振る舞いも気が抜けません。

売店で200円の缶コーヒーを割り勘にしたばっかりに、「あの人、ケチなんですよ」と陰口をたたかれます。また、会計のときに「キミのプレー代の領収書をくれない？　どうせ使わないでしょ」なんて言ったら、「経費で落とすつもりなの⁉　だったらおごれよ、セコイ男やなぁ〜」って、落胆されるのがオチです。

芸能界でも、ゴルフにまつわる男と女、夫婦によるトラブル話は結構多いです。だいぶ前の話ですけど、歌手の野口五郎さん夫婦の話題が週刊誌に載っていました。野口さんの、あまりの熱血指導によって、奥さんがへばってしまったとか。

一般の方でも、夫婦でゴルフをたしなみ、同じコースのメンバーになっている方が結構います。じゃあラウンドも一緒かというと、そうではありません。家族サービスなどで息子と3人で、というのはたまにありますが、奥さんは普段、おおよそ婦人会の仲間とラウンドをします。夫婦で常にラウンドしていると、あまりに関係が近過ぎて、いろいろとストレスがたまってしまうのです。だから、ゴルフ場に行くときは一緒でも、コースでは夫婦別々でラウンドをして、余計な摩擦を避け、夫婦の均衡を保つのです。いかに、男女のラウンドというものが難しいか、ということですね。

夜のお仕事のホステスさんと一緒にラウンドしたことがありますが、みなさん、人間ができていました。さすが、接客業の方々です。たとえラウンド中でも、お客さんとゴルフをしている意識を忘れません。キレる、なんて絶対にないですから。

むしろその逆で、仕事柄、客のグチを聞いている〝延長戦〟といった感じでしょうか。まぐれで当たれば、「ナイスショーッ！」とかけ声をかけて気分よくさせてくれますし、誰かのボールが林に飛んでいったら、小走りでボールを探しに行ってくれるし、ほんと日頃から気遣いをして生きておられるな、と思いました。要するに、ゴルフをやるのも仕事の延長線上にある彼女たち。気遣いがクセになってしまったのでしょう。

そう考えると、昔で言うところのスチュワーデスさん、彼女らのゴルフの腕前も、気遣いも、実にお見事でした。今の、キャビンアテンダントと呼ぶようになってからは知りませんよ。たぶん、ゴルフをするようなゆとりは、今の彼女たちにはないかも……。

とにかく、接客業、サービス業の女性は、ゴルフをしても、わりかし好評です。ただ、それはあくまでも外面ですから。どんな女性でも、結婚をしたら内面が出てきます。そこまで読み込んで交際は考えないと、ですね。

結局のところ、ビギナーの女性とラウンドをしても、気苦労ばかり多くて、自分のプレーになんて集中できません。それでも、自分のプレーを犠牲にしてまで彼女をサポートしたい——そう思えるような女性がいつか現れないか、男は密かに思っていたりします。それはそれで、男の本懐かと思いますが……。

愛とゴルフは、惜しみなくエネルギーを奪う。

その両方が一気にきたら、そりゃ消耗しますよね。


ゴルフは、男同士でも、結構楽しい。プレー後に女性と会うのが理想。

chapter 44

ゴルフ場には取扱注意の「珍客」がいっぱい

地球温暖化のせいで森の食べ物が減ってしまったのか、最近ゴルフ場で出会う動物たちが増えている気がします。日本のゴルフ場において、出会う生き物のナンバー1は、なんといってもカラスでしょう。全国的に生息しており、その行動は実に滑稽です。

2年前、沖縄で開封前の『キットカット』を箱ごと持っていかれました。くちばしでつついて箱をあけて、チョコレート三昧です。カラスは実に器用ですね。

どこに行ってもよく見るカラスのお話のあとは、なかなかお目にかかれない動物たちとの遭遇エピソードについて紹介しましょう。

まず、北海道に行くと、よく見かけるのはキタキツネです。最初はすごく感動して、出会った瞬間、携帯電話のカメラでその姿を夢中になって撮っていたものです。

映画『キタキツネ物語』のイメージでしょうか。それに、『ムツゴロウ動物王国』とテレビドラマ『北の国から』の情景も合体させて、メルヘンな世界を頭の中で描くわけです。けど、最近は北海道のゴルフ場に行くたんび、キタキツネに出会います。人間なんて非情なもので「なんだよ、そんなに珍しくないじゃん」と、すぐに興ざめしてしまいます。

しまいには、エサをもらうことに慣れたキタキツネに出くわして、これがまったく逃げない。むしろ、寄ってくるんですよ。挙句の果てには、お茶屋の前で〝出待ち〟までしていましたからね。ほとんどテーマパークのアトラクション化していて、それには笑えました。

感激した動物と言えば、鹿もそうですね。今度は頭の中にスタジオジブリの『もののけ姫』が浮かんできて、「鹿はシシ神さまと一緒に住んでいるんじゃ～」って想像を巡らしたりして、その姿を見たときは神秘的にさえ感じます。北海道で出会ったときは、結構な団体で目の前を通っていって、それが夕方だったこともあり、荘厳な雰囲気に包まれました。それで、しばしプレーを中断しましたから。今思い出しても、あの光景は感動的でしたね。

山梨県の河口湖カントリークラブでプレーした際には、バンビが軽やかにコース内を散歩しておりました。埼玉県のゴルフ場でも妙に人懐っこい鹿に出くわし、2ホールぐらい一緒に〝同伴プレー〟をしてくれました。子鹿だったので、たぶんお腹がすいていたんでしょうね。

先日 助けて頂いた お礼でございます。
え それ 葉ッぱですよね。
どろろん
さまざまな動物がいるゴルフ場。ときには思わぬ出会いもあります……

以前、ゴルフ場で小さな命を救ったときは、とてもいいことをした感がありました。千葉県の某ゴルフ場で、次のティーグラウンドに着くや、カラスが2羽、何かをつついていたんです。動物の死骸かと思って近寄ってみると、何やら動いているではないですか。

得体の知れない小動物は全身傷だらけで、カラスから相当な攻撃を受けたのでしょう。どれどれと手にとってみると、「シャ〜」と唸って威嚇してきました。「なんだよ、おまえを助けてやったのに」と思いつつ、仕方がないので帽子の中に包んで、水をあげてみました。

するとと、ごくごくと水を飲むではありませんか。最初、野良猫かと思っていたのですが、その姿をよく見ると、狸の子どもだったのです。「これは何とかしないと」と思って数ホールは帽子の中に入れたまま、水を与えて移動しました。その後、キャディーマスター室に連れていってミルクを与えて保護することに。いやぁ〜、我ながら善行をしたな、と思いましたね。

一方、海外に目を向けると、日本では考えられないような動物に遭遇します。

マレーシアのゴルフ場じゃあ、巨大トカゲがのしのしとコースを歩いていました。これは、もはや『世界の果てまでイッテQ！』のイモトアヤコ状態です。相当ビビリました。

タイじゃあ、バンカー内に野犬が数匹寝そべって、自分の土地だと主張していました。地元のキャディーに追い払うように言っても、「無理、無理、怖くて近づけない」とお手上げ状態。しかも、寄っていくと吠えるから始末に負えませんでした。

そうそう、バリ島のゴルフ場ではブッシュの中で何やら動く物体を発見しました。凝視してみると、それは木の枝を体に巻きつけたロストボールの売り子でした。見つかったらコース側に怒られるから、こっそり迷彩を施してお客が来たらボールを売っていたんですね。

夢の国、アメリカ・オーランドのディズニーワールドのゴルフ場もすごかったですね。ここはおとぎの国だからって、バンカーがミッキーマウスの形をしていてオサレです。

しかし、ルンルン気分でゴルフをしていたら、ブッシュへ打ち込んでしまいました。ボールを探しに行ったら、そこは湿地帯。つまり、ディズニーワールド全体が、埋め立てて造ったことがわかった次第ですが、ちょっと気味が悪かったですね。なんか、ワニが出そうで……。そう思って、そのときはボールを探すことなく、そそくさと引き上げていきました。

あれから十数年が経って最近、ディズニーワールド園内の湿地帯でワニが出たという騒ぎがありました。やっぱりあのときの勘は正しかったんだなと思いました。たぶん、あのときもワニとか、プレデターとか、いたのかもしれません。そう思うと、ちょっとぞっとしますね……。

ゴルフは楽しいですが、知らない土地でのボール探しでは、深入りは禁物です。犬がいたら目を合わさず、トカゲがいたら通り過ぎるのを待ちましょう。

「これぞ、シャッターチャンス！」と思って、スマホで動画なんて撮ろうとしないことです。ほんと、敵もスピーディーですから、要注意ですよ。

もともと、動物が住んでたところにゴルフ場を造ったんだよねー。

chapter 45

「意識高い系」のゴルファーになっていませんか？

最近、インターネットを中心に流行っている言葉の中に、「意識高い系」というのがあります。

文字どおり解釈すると、物事に対しての意識が高く、向上心にあふれ、前向きな人のこと、となります。しかし、実際の使われ方は、どうも違うようです。意識のみが高く、現実がついていっていない人のこと、とネガティブな扱いで使用されています。

この「意識高い系」の人々は、実はゴルフをされている方々の中にも、結構見受けられます。

もちろん、そういう人は自分が〝意識高い〟なんて思っていなくて、すくすくと育ってらっしゃいますが……。

具体的に、どう〝意識高い〟のか、検証してみます。

まず、つい自分を大きく言ってしまうタイプの人がいます。「俺、一応シングルだから」とか言って、「90」を軽く超えてしまってはダメですよね。そのシングルって、ひょっとして戸籍のことですか？　てなものです。

しかも、自称シングルさんは、叩いたときの言い訳が非常にうまい。「シングルだったのは、10年前だから」って……それを早く言ってくださいよ。

また、飛距離を自慢する人もいます。「残り150ヤード？　それなら9番アイアンかな」って。普通のアマチュアでは、9番アイアンでそんなに飛びません。おそらく9番と6番を見間違って、実は6番アイアンで打ったんじゃないですか？　ほんまかいな……。

　さらにそういう人の中には、見栄を張ってアイアンをマン振りし、ボールをすごく曲げて、飛距離を測定させない姑息な手段を使う人がいます。

こうした「意識高い系」の方、あなたの周りにもいませんか？

　そして、打ったあとに必ずこう言うんです。「真っ直ぐ飛んでいれば、グリーンに乗ったな」って。スコアを犠牲にしてまで、飛距離の見栄を張らなくていいですよ。

　以前、どこぞのプロアマ競技で一緒になった方の中には、聞いてもいないのに「生涯90以上は叩かない」という人がいました。見た目はなかなかの好青年で、お洒落だし、フォームもきれいだし、「これはひょっとして、本当にうまいのかなぁ」って思いました。

　ところが、プロアマ競技で緊張したのか、その好青年はあり得ないシャンクとか打ち始めて、「おかしいなぁ……」とか言って何度も首をひねりながら、顔面蒼白になっていました。

上がってみれば、限りなく「100」に近いスコアを叩いて、しょげまくり。それでも、私よりスコアが上ですから、笑えます。いつもどおり、へらへらしている私の立場はどうなのよ、と言いたいです。

好青年は「結構練習したのにぃ～」と悔しそうでしたが、私から言わせれば、プロアマ競技は〝慣れ〟です。プロと初めてラウンドすれば、そりゃ緊張します。なのに、事前にでっかく吹いてしまったから、自分でプレッシャーを背負うことになったのでしょう。

というわけで「意識高い系」は、自分を大きく見せてしまいがち。でも、ゴルフって、すごく低い位置から語ったほうが楽なんですよね。

私も、ゴルフをやり始めて25年、一時はシングルにもなったし、ベストスコア「75」を出したこともあります。が、いまだに年に1、2回は「100」を叩きます。先週も、辛うじて100を切った「99」でした。

日頃から、ゴルフは「100」を叩くもんだと思ってプレーしていると、気持ちが楽です。目指せ、「意識低い系」ゴルファーといったところでしょうか。

ゴルフは、スコアや飛距離、技術に対して、高い意識を持っていくことも大切ですが、長年やっていると、ゴルフができること、それ自体に幸せを感じます。

ゴルフを継続してやるには、健康な体と健全な精神が必要です。加えて、仕事が順調でなければ、プレー代も出せません。そのうえで、ルール&マナーを守って、技術を研鑽《けんさん》すべきですから、相撲じゃないですが、「心・技・体」のすべてが不可欠です。それに、プラスお金ですから、「心・技・体・金」の4つ、そのすべてがそろわないと長くはプレーできません。

50歳を過ぎると、今年もゴルフができる自分に感謝、という気持ちでいっぱいです。別に叩いても命は取られませんし、破産もしません。スコアなんか気にしているうちは、まだまだひよっこなんですかね。

100を叩き出すと止まらない。意識低すぎも、なんだかなー。

chapter 46

ゴルフ場と携帯電話の、切っても切れない関係

ゴルフをするとき、カートにさりげなく携帯電話を置くことは、今ではすっかり定着し、日常の光景となりました。ソフトバンクなどは、ゴルフ場に電波が届くように経営努力しているようで、そりゃ、電波が届けば、使わないテはないですよね。

もちろん、プレー中に携帯電話を使うことはマナー違反で、禁じているコースが多いです。しかし現実は、プレー中、バンバン携帯電話の音が鳴るし、平気で電話を受けている人がいるし、しかも誰もそれを注意しない。だって、注意する側もプレー中に携帯電話を使っているんですから、注意しようがない。

もはやゴルフ場のコースは〝携帯電話無法地帯〟になっています。

なんでこうなったのか？　それは、ゴルフ場のお客さんの職業事情によるからです。

昔、バブルの頃、初めてゴルフ場に来たときは、びっくり仰天しました。なにしろ、平日なのに、満員御礼なんですから。

それとなく、同伴プレーヤーに「みんな、平日なのに大丈夫なんですか？　普段、仕事は何してんですかね」と、聞いたところ、「月曜は美容院が休みだし、デパートは平日が定休日だ

ったりするから、そういう人が来てんじゃないの」という答えが返ってきました。それに対して私は、「ふ〜ん、そういうものか。東京は平日休みの会社が多いんだな」と、感心したものです。

時が経って、世の中の仕組みがわかるようになると、あることに気づきました。冷静に考えれば、美容師さんとデパートの従業員のみで平日のゴルフ場が埋まるわけもなく、世の中には、一日数回の電話のみで、生計を立てられる人がたくさんいるとわかったのです。俗に言う、自営・自由業や、マスコミ、団体職員と呼ばれている方々ですかね。

そういう自由が利く人にとって、携帯電話は、まさに〝万能の神器〟だったのです。だって、これさえもってゴルフをすれば、仕事をしながら、遊べるわけでしょう。とすれば当然、ゴルフ場は〝携帯電話無法地帯〟になるわけです。

私も個人的には、音を消してバイブにして、キャディーバッグに忍ばせています。たまにお茶屋に寄ったときなど、チェックしますが、熱心に携帯電話

今やラウンド中にも欠かせないスマホですが、最低限のマナーは守りたいものです

をいじっていたのは、むしろゲームのほうです。「熱心にお姉ちゃんにメールしてるね」、なんて冷やかされますが、実はゲームをやっていただけなんです。今ではすっかりゲーム熱も冷め、携帯電話をいじることもなく、わりとマナーのいいプレーヤーだと思います。

ともあれ、ここ数年で、携帯電話のコース使用も、迷惑にならなければ、いいんじゃないか的解釈が無事浸透してきました――と思っていた矢先、今度はガラケーにスマホがとって代わり、電話をしない人が、スマホをいじるようになりました。

ゴルフ場で何をしているのか？　それは、コースの写真やビデオを撮って、ＳＮＳに送信しているのです。

さらに、スマホは万歩計の役割を果たし、スコアカードの代わりにもなり、距離計測、コースガイドなどにも使えます。スコアカードの代わりに使っている人は、毎ホール、本当にせわしないですよ。手書きのほうがなんぼ楽かって思いますが……。

結局のところ、多機能のスマホの浸透が、携帯電話問題を見事解決（？）してくれました。なにしろ、スマホのヘビーユーザーは、起きている間、ずっといじっているんですから。高級レストランでさえ、スマホで写真を撮るというか、高級レストランだからこそ、写真を撮る必要があるんだそうです。

その論理で言えば、たまのゴルフ場は、周囲は緑の木々に囲まれて、ロケーション抜群です。ゴルフ場だからこそ、スマホで写真を撮るべきと思っているんじゃないですか。これが今の、ごく普通の人の考えのようです。

現在は、スマホを片手に、ピンまで何ヤードなんてやっているわけです。パーを取れば、写真をパチリ。もはや、スマホはラウンドの必需品になりつつある、そんな感じですか。

もし、太宰治が今の世でゴルフをしたら、きっとこう言うでしょう。

「ゴルフ場には、スマホがよく似合う」

※太宰治の短編『富嶽百景』の一節に、「富士には、月見草がよく似合う」という名文句がある。

スマホのみで仕事が完結できる人が、平日のゴルフ場に多い。

chapter 47

口こそゴルフの上手なれ。言葉は15番目のクラブ

ゴルフってメンタルなスポーツですから、状況次第ではわずか30センチのパットすら入らなかったり、3連続でOBを出したりもします。

そのメンタル面を最も左右するのが、同伴プレーヤーがふと投げかけた言葉なのです。

例えば、同伴メンバーに「右側はOBだから気をつけてね」と、でっかい声で言われて、つい左側に打ってしまうことがあります。けど、左側には小川のようなクリークが流れていて、ワンペナとなってしまいました。すると、同伴メンバーは、「OBよりワンペナのほうがいいだろ、よかったね」と言いますが、はたしてそうでしょうか？

右側をよく見ると、確かにOB杭が見えますが、すごく遠い位置にあります。しかもそのOBゾーンは山になっていて、ボールが転がって落ちてくる可能性が大いにあります。本来であれば、右側のOBはあまり気にしなくてよかったのです。結局のところ、同伴メンバーの口攻撃にまんまとやられた、というわけです。

また、自分の目で見えるハザードなどはまだ確認できますが、スイングや立ち位置などは客観的に把握できないので、そうしたことをプレー中に言われると、かなり気になります。

「キミ、右肩が下がっているよ、ダフリ気味でしょう」

「打つとき、必ず右方向を向いているね。だから、ボールが右に出るんだよ」

よく耳にするのは、こうしたアドバイスです。確かにそうかもしれませんが、だからって、このラウンド中にどうしろというのでしょう？ 悪いところを指摘するなら、直し方も言ってくれないと。

可愛いキャディーさんだと、ゴルフに集中できない人っていますよね

そういうことを言われたときは、右肩の下がりを意識しすぎてますます変な当たりになったり、正面を向いたらスライスがひどくなったり、たいてい悪い影響が出ることのほうが多いです。

そういう私も、相当へんてこなスイングでプレーしていますから、以前は何度も〝アドバイス〟を受けました。でも、何回か口攻撃の洗礼を受けておけば、あとはどこ吹く風です。逆に言われ慣れて、同伴者が何を言おうが、微動だにしません。

「おまえらの作戦には乗らないぞ」という気構えで臨んでいます。「いいから、このへんてこなスイングの男に勝ってから意見しろ」って、まあそんな気持ちですかね。

他に、どういう口攻撃があるでしょうか？

口攻撃はまことに正論を言うので、言われた本人も気づかないし、言った本人さえ気づかないことがあります。例えば、いつもパットをショートばかりしている人が、友だちに「ネバーアップ、ネバーイン。カップに届かない限り、絶対に入らないよ」と進言されます。言われたほうも、「まさにそうだ」と思って、カップを越えて大きく打っていきます。

あげく、返しのパットも入らずに3パットばかり。「おかしいな……」とは思っても、アドバイスした友だちに今度は「ナイストライ！　じきに入るようになるよ」と言われて、妙に納得してしまいます。でも、その日のパットは大崩れですけどね。

同様に、「谷は越えてなんぼだから」と言われて、すごく大きめのクラブで打たされて、OBしたよりも叩いてしまうことがあります。

あと、バンカーの、きついアゴの真下にボールが落下。ピンを狙わず横に出すのがクレバーな選択ですが、「何事も修行だから」とか「チャレンジ精神も大事」とかけしかけられて、その果てに、打っても、打ってもまったくアゴから脱出できず、〝大叩詠一〟をやってしまった……なんてことも。これもまたゴルフなりです。

ゴルフにおいての正論的なアドバイスは、災難になることが多いのです。

つまり、逆に言えば同伴メンバーとの勝負においては大きな〝武器〟になります。ただ、せっかく一緒に回っているのに、嫌な思いはさせたくありません。じゃあ、どうすれば、楽しく相手に叩いていただけるか？

それは、「秘儀、若いキャディーさんイジリ」を実践することです。

友だちに、女性のキャディーさんが付くと「キミ、下の名前はなんていうの？」と聞いて、「アケミです」なんて答えると、「あ、そう、じゃあ今日はアケミちゃんと呼ぶから」とファーストネーム呼びに始まり、「六本木は行ったことある？」「カラオケは何が得意？」とかプライベート話にまで及んで、ついには「アケミちゃんの『ファー（注意時のかけ声）』って、すごくセクシーだな」とか、好きなことを言って場を盛り上げる輩がいます。

もうこうなると、同伴メンバーはそれが気になってゴルフどころではなくなります。そして最後に、「アケミちゃん、彼氏募集中だってよ。キミ、お似合いなんじゃないの？」なんて振られたら、もはや集中するポイントが違ってきてしまいます。

若い同伴メンバーなら、キャディーさんにいいところを見せようとして、どんどんスコアを落としていってくれるでしょう。

というわけで、口は災いのもとと言いますが、ゴルフにおいては、実に頼もしい〝15番目のクラブ〟になり得るのです。

なにげないひと言で動揺が。プレー中、耳栓しときますか？

chapter 48

20代美女と同伴!? 今「ひとりゴルフ」が熱い

たまに、ひとりゴルフはいかがですか？　というお話です。

当然、苦手な方もいるでしょう。ゴルフって「友だちと和気あいあい、夕べのキャバクラの話でもしながらラウンドするから楽しいんだろう」って、そう思って当然です。昔の私もそうでした。

そこで、まずは私が〝ひとりラウンド〟ができるようになるまでの話を少々。

20年ぐらい前、南総カントリークラブ（千葉県）のメンバーになったときは、常に友だちとのラウンドを予約してゴルフをしていました。それでも、ハンデを申請して、そろそろ月例(※)にでも出ようかってときに、クラブの経営危機説が流れて、結局会員権は売却しました。

次に入会したのが、鶴舞カントリー倶楽部（千葉県）でした。鶴舞CCでもハンデを取得して、様子を見ていたのが、1年くらいでしょうか。あそこはコースが難しいし、プレー料金も高めだったので、友だちはあまり一緒にラウンドしてくれませんでした。

じゃあ、「月例にでも出てみよう」と意を決し、実際に臨みました。それが〝ひとりゴルフ〟の初体験でした。

当時の鶴舞CCは、月例の予約は一切なし。朝7時の開場とともに、名前を書く方式でした。参加するメンバーの方々はみんな、朝6時過ぎには集まってきて、クラブハウスの入口に並んでいました。「これが、名門クラブの月例の申し込みなの？　パブリックの河川敷コースと変わらないいじゃん」って思いましたね。もちろん、今はちゃんと予約制ですから、念のため。

とにかく、やっとの思いで名簿に名前を書いて、知らない人と回ることに……。

たとえ女性がいなくても、「ひとりゴルフ」は意外と楽しいんですけどね……

同伴競技者に挨拶をして、いよいよラウンドすることになったのですが、思ったよりもみなさんが上手くないことにびっくりしました。たまたまハンデの多い人に遭遇しただけですが、「飛びますねぇ～」なんて、逆に褒めてもらったりして。

そのとき、自分が今まで抱いていた、すごく上手い人がグリーンにバンバン乗せてくる月例競技会のイメージと、かなりかけ離れたものを感じたんです。今までビビッていたものって、何だったんだろう……。自分が勝手に高い壁を作って、その幻の壁に押し潰されて、もがいていたんだなって。

それ以降、ひとりでエントリーすることに抵抗がなくなりました。全日本アマチュアゴルファーズ選手権（通称パブ戦）の予選になどは、知人と申し込みますが、ラウンドはひとりで、知らない人と回ります。

そうやって、いろいろなところにひとりで顔を出すようになって見つけたのが、『1人予約ランド』（バリューゴルフが運営）です。最初は取材で行ったのですが、これが結構面白いので、最近は個人的に『1人予約ランド』を活用させてもらっています。

システムは簡単です。まずパソコンで『1人予約ランド』のページを開いて、手順どおりに必要事項を入力し、会員になります。次に自分のプロフィールを作成します。ニックネームをつけて、顔は似顔絵風のアバターを選びます。

そこで、50代のアバターを探すと、なんか初老の爺みたいなアバターしかなくて、ショックを受けます。夜の六本木じゃあ、「40代かしら?」って言われているのに、サザエさんの磯野波平（54歳）扱いには苦笑です。

それはいいとして、プロフィールができたら、予約できるゴルフ場を選んで、そこにエントリーすれば完了です。

今まで数回プレーしましたが、現場に行くと、みなさん〝ひとりプレー〟に慣れているので、実に社交的です。もちろん、「ニギろうよ」なんて言ってくる人は皆無ですから、ご心配なく。

また、『1人予約ランド』では予約できるエリアが広く、北海道から九州まで、およそ

600コース以上あります。ひとり旅のついでに、出張の帰りに……ひとりでゴルフができますから、非常に便利です。

予約においては、最少催行人員が書いてあって、2人～3人（集まれば）というのが多いですかね。ひとりでもプレー可能、というのはさすがに少ないです。ということで、確実にプレーしたい方は、すでにひとり、2人の予約が入っていて、3人目、4人目の枠に申し込んでおけば、まず流れることはありません。

そうそう、1人予約には面白い都市伝説があって、うら若き20代の女性が最初にエントリーすると、その組は瞬時に予約が埋まるらしいです。そして、喜び勇んでコースに行ってみると、バカ面下げたおやじ3人、呆然と立っていてしぶしぶプレーするんだとか。

あくまでも都市伝説ですけど、これは新手の〝ゴルフ・ハニートラップ〟ですかね。我こそはと思う勇猛果敢な方は、20代美人ゴルファーのエントリーを見つけたら、ぜひ挑戦してみてください！

※ゴルフ場の会員メンバーが参加する、毎月定期的に行なわれている競技会。

若い女性が、ひとりで予約するわけないよね。

対談

木村和久×福本伸行
アマチュアだからこそ楽しめるゴルフとは

木村　西武園ゴルフ場でのラウンドお疲れ様でした。どうですか、最近の調子は？

福本　凄くいいいよ。今回のラウンドする前にも、みっちり練習して来たからね。スコア88は大いに納得かなあ。

木村　年間のラウンド数でいうと、どうですか？

福本　だいたい50回くらい。クラブ競技にもちょこちょこ顔出しています。月例優勝したし。練習は、月に平均15日くらいかな。

木村　はまっているんじゃないですか。

福本　そうだよ。「89ビジョン」をやったあたりから、そろそろ、ゴルフもちゃんとしようと思ってさ。

木村　そのはまりついでに、今回の「ヘボの流儀」についてですが、これは前回の「89ビジョン」と、似て非なる企画なんですよ。

福本　目次を見ていると、実に面白そうなんだけど。

木村　そうそう。これはアベレージアマチュアが、どうやればゴルフを楽しくプレーできるかというお話です。だから、さほど「スコア」や「飛距離」や「ルール&マナー」に気を使わないで、もっと違う観点で、ゴルフの醍醐味を見つけましょうと考えま

した。

福本　でも今、ハンデ17なりに、上手くなることは、それなりに気持ちいいよね。

木村　そこの部分は、ある程度抑えますが、いろいろ提言はあります。現在のハンディキャップ制度だって、プロは80台を出しても、プロ資格を剥奪されないでしょ。なのに、アマチュアだけ、叩くとハンデが下がるって、不平等じゃないですか。アマチュアは遊びだから、もっと緩くしないとってね。

福本　確かにそうかも。ハンデが小さくなったら維持するのは難しそう。１００叩けない。

木村　将棋でいうと、加藤一二三こと、ひふみんは、未だ九段ですよ。藤井聡太四段（当時、現在五段）に負けているのに。な

らばアマチュアハンデも、名誉ハンデとか、最高ハンデを与えてもいいじゃない。元名人がいるなら、元シングルがいてもいい。

福本　じゃ木村さんは元シングル？

木村　そうそう、最高9・7というハンデが3カ月だけつきましたから、元シングルですよ。実は昔、上手かったオヤジっていっぱい、いるわけで、その人たちが30年かけてやって来たことが、無になってしまう、それが許せないんです。

福本　いいねえ。ゴルフに対する、新しい視点ってことだね。

木村　そうです。でも現実もかなり進んでおり、2019年には、ルール改正があって、劇的な変化が起こりますよ。最大スコアの採用とかね。

福本　いくら叩いても、どこかで切っちゃうわけね。

木村　ミドルホールなら、なんぼ叩いても8以上にならないとかね。上限を設ける。だから、凄く下手な人たちは、みんな同じスコアになる（笑）。

福本　面白いね。ほかにはないの？

木村　ピンを立てたままパターを打っていいとか、ボールはドロップせずに、限りなく置くように、低い位置から落とすとか、ボール探しは3分までとか、かなりアマチュア寄りに、踏み込んだルール改正になりますね。

福本　じゃ30センチぐらいから、ボールを落とすの？

木村　まだ噂ですが、数センチぐらいと言われていますよ。

福本　じゃボールが芝の中に沈むってことは、なくなるね。あとボール探しだけど、キャディーさんがいると楽だけど、いないとしんどいよね。

木村　そうなんですよ。だからOBラインを見て、なかったら諦めるべきかなと。

福本　あとボールがありそうな所で、見つからない場合あるじゃない。枯葉の中に潜っているとか。あ〜いうのも、2ペナになるのは、ちょっと理解できないね。プロはギャラリーまで含めて、ボール探しをするんだよ。我々はセルフで、短時間のボール探し。だったら1打罰ぐらいにしてほしい

なあと。

木村　それは激しく同意しますね。とまあ、この企画は、ゴルフ周りのことを、面白おかしく書いているわけで、例えば女性とのゴルフってどう思います。女性は好きだけど、個人的には、分けて考えた方がいいかもと思いますが。

福本　そうだね。ゴルフそのものが、充分楽しいからね。コンペに混じって、女性が来る分には楽しいけど、連れて行くのはどうかな。

木村　だって朝、家まで迎えに行かなきゃならないんですよ。

福本　そこまでやるの？　面倒臭いなあ。

木村　福本さんなら、ハイヤー出すから、来てよとか（笑）。

福本　それもないなあ。だったらゴルフ場に来てくれて、一緒にプレーしてくれたら、プレーフィと謝礼を払うとか。

木村　それって同伴料？　出張コンパニオンじゃないですか。でも案外楽しいかも。それでは延長お願いしますとかね。

福本　あとさ、この「スランプに陥ったときに、どう対処すればいいか」っていうの、面白いね。

木村　誰にでもそういうのありますね。

福本　練習したことが、なんで本番にできないんだろう的なことってあるじゃない。練習したことが、体に馴染んでないんだと思っているわけ。

木村　日ごろの反復練習が大事ということですね。それ以前に、まったく当たらなくなることもありますよ。５年ぐらい前、そうなって、10回ぐらい、２週間ぐらい練習しましたよ。
福本　ただひたすら打つの？
木村　いや、なんで当たらないかの理由を解明しないとね。打ってて、ボールが全部ヒール寄りに当たっていることに気づき、無理やり修正しました。
福本　打ってて気づくってよくあるね。だから、頻繁に練習する。昨日も練習したし、実は今日の朝も、練習してからコースに行ったし。
木村　マジすか、何球打つんですか？
福本　球数は40～50と少ないけど、やっぱりちょっとずつ、何かヒントになることが見つかって、少しずつ進歩していくっていうのかなあ。トップが浅いとか、テンポが悪いとか、ほんと些細なことよ。それを、改善していくわけ。

木村　万遍なくじゃないでしょ。信頼しているクラブを中心に練習しますよね。
福本　そうだね、時間ないからね。例えばセカンドショット用なら、スプーンと17度のＵＴとかね。
木村　スプーンをフェアウェーから打つんですか。
福本　それわりと得意なのよ。今日も１９０ヤードをスプーンで乗せられたし（笑）。
木村　じゃアイアンは？
福本　アイアンは恥ずかしながら7番からしかないから。
木村　最近その7番も取って、９番アイアンからしか持ってないですよ。
福本　じゃ１５０ヤードぐらい、何で打ってるの？
木村　８番と5番のＵＴで、全部処理しますね。ゴルフは簡単にしないと。本来なら、ルールもアマチュアには、甘くしないとね。トランプ大統領が来たときのゴルフ見ました？ グリーン上では、ボールが転がっているのに、もうオーケーして、拾っているし。

福本 見たよ。転がってるときはさすがに……と思ったけど。

木村 そうだね、トランプルールに対して賛否両論があるけど、別に、そこまで日米親善ゴルフで、目くじら立てる必要ないと思うんですけど。

福本 確かに。それに、あれはスコアを付けてなかったらしいから。

木村 もちろん、外交の接待だし。

福本 松山選手のも、転がっているボールを拾ってたしね。

KAZUHISA KIMURA

木村 だったら、松山選手を呼ぶ理由はないだろうって思いますね。

福本 あとね、安倍首相、バンカーでコケてさ。一瞬、誰かに狙撃されたんじゃないかって、ひやっとしましたよ。

木村 それぐらいコケ方が凄かった。あれ

NOBUYUKI HUKUMOTO

は、本来登ってはいけない、バンカーのアゴを登ったから、コケた。それもトランプ大統領に、置いていかれないように焦ったからと言われてますね。
福本　なんか、健気《けなげ》ですね（笑）。あと、ここの「本当に重視すべき、ゴルフのルール＆マナー」って、何を書いてるの？
木村　マナーをもっと緩くというお話ですね。今、ゴルフ人口が700万人で、ゴルフ場が2500あるとして、クラブの競技参加者って各コースに100人ぐらいしかいません。そうすると、月例参加者は、25万から50万人。700万いたら10分の1以下しか競技人口がいないんですよ。
福本　そうだろうね。
木村　じゃ10分の9の人たちは、どうして楽しめばいいのって話です。
福本　そういう話ね、そうかそうか。
木村　距離が短く設定してある西武園に来る人って、「ここならツーオンできる」みたいな感じじゃないですか。年金派は、お金を持ってるから、シニアに優しいコースとして、凄く混んでいる。

福本　僕も好きでよく来るよ。ラーメンに200円を足すとチャーシュー3枚を追加してくれて。それが、絶品！
木村　そっちの話ですか（笑）。
福本　いやいや。じゃ「コースマネジメントは『うまい』シニアから学べ！」は？
木村　知り合いに70歳過ぎた、トップアマがいるけど、僕より飛ばないんですよ。10ヤードぐらい飛ばないんだけど、でも必ず70台で回ってくるんですよ。
福本　すげーっ！
木村　こっちの第一打は勝って、いいところにあるんです。でも上がると必ず負けてる。やっぱり違う、それがコースマネジメントかなと。練習も、アプローチばっかりで、大概30ヤードぐらいなら、寄せワンがかなりの確率で決まりますね。

福本　そうだね。あと「ゴルフの三大疾病」ってどういうこと？
木村　よくぞ聞いてくださいました。これ人気だったんですよ。要するに、大叩きはこの3つが原因していると。「グリーン周りの往復ビンタ」と「林でキンコンカン」と「バンカー無間地獄」かな。
福本　なるほど、バンカー無間地獄あるよね。三大疾病の企画、これ凄いよ。これだけで1冊の本ができるぐらいのコンテンツあるね。バンカーって確かに突如出なくなるときがあったりするよね。
木村　過去にまったく出ずで、17ぐらいショートホールで叩きました。
福本　それも凄いね。バンカーの出ないのって2種類あると思うんですよ。本当にダメで出ないのと、条件がいいバンカーだと出てたんだけど、ちょっと顎が高くて、まあまあ打ててるんだけど、ギリギリ出ないってあるじゃん。それをごっちゃにしない方がいいと思うんだ。

木村 確かに。でも3回ぐらい出ないと、頭がパニックですよ。早く最大スコアを採用してほしいです。

福本 それは是非だね。あともうひとつ、往復ビンタも面白い。これって、トップから始まるよね。

木村 そうそうそう。

福本 トップして、グリーン奥の芝の深いところに行くと、こんなとこからどうやって寄せるのって思うよね。でも始まっちゃったらしょうがないんだけど。

木村 やっぱり導火線に、火をつけちゃだめですよね。

福本 まぁそこが問題だね。わりと安全なところの花道から始まった往復ビンタって嫌じゃないですか。花道から打ったのにキューンってあっちに行って、みたいな。またこれが寄らずみたいな。もともと難しいんだったら、諦めもつくけど。

木村 そうだね。やっぱり、優しいクラブで、アプローチするのが無難ですよ。

福本 実際はさ、花道のなんでもないところなら、パターよりアプローチで打ちたくなるよね。そこでパターを使えっていうのは、ちょっと違う気がするけど……。

木村 だから、9番とか8番とかで転がすのが無難かなと。

福本 アイアンの転がしはありかな。あと「ラウンドの朝、ゴルフ場に来てからやること」って何だろう。

木村　やっぱり練習とトイレじゃないですか。朝トイレが済ませられないと、爆弾抱えてラウンドするので、落ち着きがなくなる。これは嫌ですね。

福本　トイレは、ちょっとでかいね。だから遅めのスタートが理想だね。

木村　それよりも、女性のミニスカはどう思います？　プレー。ミニスカ禁止ってコースがあるんだけど。

福本　それおかしいよね。誰が反対してるのかな（笑）。

木村　枯れたじいさんが、また甦っちゃうから（笑）。風紀が乱れるって。そんな70年代の中学校じゃないんだからさ。

福本　多分、若い女性が若い男と来てるわけですよ、「ゴルフ場に。それできゃっきゃしたりしてるのが、おじさんたちから見て面白くなくて。だからミニスカ禁止にしてるんじゃないかな（笑）。

木村　昔、山本モナが軽井沢72にいたとき、ミニスカで興奮して。本物はむちむちしてさ、色が真っ白なんだよね。

福本　確かにそれは、風紀が乱れそうで、気になりますね……。「ゴルフの腕前はダイエットと同じ」ってどういうことなの？

木村　ゴルフをすると太るって説があって、実はプレーの日、パーティーもあれば、1日4食も食べてる。

福本　それは、太るかもしれないね。

木村　食べまくって、パンパンになって帰ってくる。ゴルフしに行ったのに何で太るんだろう、みたいな説があるんですけど。

福本　なんか「今日運動してるからいいだろう」っていう言い訳はあるよね。

木村 でも実際は、乗用カートだから全然運動してないし。スコアも「練習してもさっぱり上がらない」と嘆くより現状維持で満足するのがいいけど、ダイエットも同じ。「痩せない」とグチらず現状維持に感謝すればいい。まあ、健康でラウンドできれば、それで幸せなんですけどね。

福本 そうだね。健康が何よりだね。

木村 同感、楽しく回ることが、何よりの健康法ですね。ということで、是非「ヘボの流儀」をよろしく。

福本伸行 ふくもと・のぶゆき

1958年生まれ。神奈川県出身。『アカギ～闇に降り立った天才～』『銀と金』『カイジ』シリーズなどの大ヒット作品で知られる人気漫画家。超多忙なスケジュールにもかかわらず、ゴルフに大きな情熱を注ぐ。

木村和久　きむら・かずひさ
1959年生まれ。宮城県出身。プロの教えを実践することの難しさを誰よりも知るハイエンド・アマチュアの「89ゴルフ」研究家。著書に「89ビジョン　とにかく80台で回るゴルフ」など。「平成ノ歩キ方」「キャバクラの歩き方」などで知られる人気コラムニストでもある。ベストスコアは75。

ヘボの流儀《りゅうぎ》
叩《たた》いても楽《たの》しいゴルフの極意《ごくい》

2018年3月10日　第1刷発行

著　者　木村和久《きむらかずひさ》
発行者　手島裕明
発行所　株式会社 集英社インターナショナル
〒101-0064　東京都千代田区神田猿楽町1-5-18
電話 03-5211-2632
発売所　株式会社 集英社
〒101-8050　東京都千代田区一ツ橋2-5-10
電話　読者係 03-3230-6080
販売部 03-3230-6393(書店専用)
印刷所　凸版印刷株式会社
製本所　株式会社ブックアート

Printed in Japan　ISBN978-4-7976-7352-4 C0075